Seine Höchste Flatulenz
Darmei Lama

Die Kunst des Furzens

Seine Höchste Flatulenz
Darmei Lama

Die Kunst des Furzens

riva

Bibliografische Information der Deutschen Nationalbibliothek:
Die Deutsche Nationalbibliothek verzeichnet diese Publikation in der Deutschen
Nationalbibliografie; detaillierte bibliografische Daten sind im Internet über
http://d-nb.de abrufbar.

Für Fragen und Anregungen:
info@rivaverlag.de

Originalausgabe

1. Auflage 2016
© 2016 by riva Verlag, ein Imprint der Münchner Verlagsgruppe GmbH,
Nymphenburger Straße 86
D-80636 München
Tel.: 089 651285-0
Fax: 089 652096

Text und Bilder Innenteil: Axel Fröhlich
Redaktion: Daniel Wiechmann
Umschlaggestaltung: Karen Schmidt
Umschlagabbildung: Cienpies Design/Shutterstock.com
Satz: Satzwerk Huber, Germering
Druck: GGP Media GmbH, Pößneck
Printed in Germany

ISBN Print 978-3-86883-817-6
ISBN E-Book (PDF) 978-3-95971-106-7
ISBN E-Book (EPUB, Mobi) 978-3-95971-107-4

Weitere Informationen zum Verlag finden Sie unter

www.rivaverlag.de

Beachten Sie auch unsere weiteren Verlage unter
www.muenchner-verlagsgruppe.de

Inhalt

1. Kapitel: Der Darmei Lama......... 13
Wer ist der Darmei Lama? 14
Das Amt und die Aufgaben
des Darmei Lama 16
Titel und Ehrentitel des Darmei Lama 19
Der Heilige »Reinkarnator« 20
Auswahl und Auffindung des Lama 23
Prominente Stimmen über den Lama....... 28

2. Kapitel: Aspekte des
trompetanischen Glaubens 31
Das Ka-Karma 32
Das Darmsala......................... 34
Bumsamsara 35
Die fünf Trompetaner 37
Ausbruch aus dem Kreislauf der ewigen
Wiedergeburt – das Nirwinda 51
Achtsamkeit und Meditation 55
Den Furz hören, den Furz verstehen und vor
allem: Wie finde ich zum Furz? 57

3. Kapitel: Der Furz als Gegenstand
der Wissenschaft.................. 61
Ausriss aus einem aktuellen Leitartikel
des wissenschaftlichen Magazins
Impact Flator 62

Druckwellendiagramm nichtstabiler
    Flatulenten nach Halley-Schröpf......... 65
Die Formen der Winde.................. 66

4. Kapitel: Die kulturellen
   Dimensionen des Furzes 69
   Den Pups hören und verstehen –
       in der Musik 70
   Trompetanische Literatur............... 71
   Dichtkunst........................... 72
   Trompetanische Philosophie 74
   Peng Shui 80
   Ta-ta-ta-Tantra...................... 81

5. Kapitel: Der Furz als Waffe
   des Friedens...................... 83
   Die hohe Kunst der Ka-Karate 84
   Moderner Kampfsport rund um den Wind .. 86
   Abhärtung........................... 87
   Ausgefeilte Technik oder Wunder?........ 90

6. Kapitel: Trompetanien
   für Anfänger 91
   Das Kloster des Darmei Lama............ 92
   Zeremonielles Furzen zum Tee 94
   Trompetanische Tempelhunde 96
   Trompetanische Museen 97
   Trompetanische Medizin............... 98

7. Kapitel: Schätze des trompetanischen Wissens 99

Die 50 wichtigsten trompetanischen Worte
für »Wind«..................... 100

Der Furz in anderen Kulturkreisen 103

Wie Kulturkreise vom Wind ablenken 104

Wie Frauen auf Fürze reagieren 105

Rekorde und andere Kuriositäten rund
um den Furz..................... 106

Zuerst war es nur ein leichtes Kribbeln im Bauch. Doch dann wurde das Kribbeln zu einem Schmerz, der mich an die Grenze zur Ohnmacht führte. Zwei Stunden zuvor hatte ich noch mit den Mönchen des Ka-Karate-Klosters Hin-Ten zusammen gespeist. Es gab Bohnensuppe mit fettem Yak-Speck. Dazu tranken wir heißen Erdnussbutterbrei und knabberten Knoblauchzehen. Sechs Monate lebte ich nun schon am Ende der Welt in der vergessenen trompetanischen Provinz Dharm mit den freundlichen Mönchen zusammen und hatte in dieser Zeit alles über ihren seltsam faszinierenden Glauben, den trompetanischen Buddhismus erfahren. Ich hatte den Darmei Lama, ihren obersten geistlichen Führer, kennengelernt, der mich persönlich in alle Glaubensgeheimnisse eingeweiht hatte. Er hatte mir von den fünf Trompetanern erzählt, vom Nirwinda und dem Ka-Karma. Doch obwohl der Darmei Lama ein wirklich einnehmendes Wesen hatte und ich noch niemals in meinem Leben so fröhlichen, ausgelassenen und entspannten Menschen wie den Mönchen im Ka-Karate-Kloster begegnet war, zweifelte ich noch immer.

Bis zu jenem schicksalhaften Tag.

Als wir nämlich mit jenem Essen fertig gewesen waren, sagten die Mönche zu mir, dass ich nun endlich bereit sei, und wiesen mich an, auf den Berg der Erleuchtung zu steigen. Sie verabschiedeten mich herzlich und gaben mir als Wegzehrung noch eine Schüssel 100-jährigen Yak-Joghurt mit. Der Weg hinauf auf den Po Gang, wie die Mönche den Berg der Erleuchtung nannten, war hart und beschwerlich. Als ich nach viereinhalb Stunden endlich den Gipfel erreichte, setzte ich mich erschöpft nieder und löffelte meinen Joghurt, der ganz offensichtlich nicht nur so hieß, sondern wirklich 100 Jahre alt war.

Und dann geschah es.

Zuerst war es wieder ein leichtes Kribbeln im Bauch. Und wieder wurde das Kribbeln zu einem Schmerz, der mich an die Grenze zur Ohnmacht führte. Ich spürte, wie sich all mein Denken und Fühlen vollkommen auf meinen Bauch richtete, wie ich alles um mich herum vergaß. Der Schmerz machte mich bewegungsunfähig. Für einen Moment dachte ich: Nun werde ich sterben. Doch der Himmel wollte mich noch nicht. Stattdessen wurde ich von einer sphärischen Welle der Erleichterung erfasst, die meinen ganzen Körper erbeben ließ. Und dann fühlte ich sie: jene Gottesluft, von der mir die Mönche und der Darmei Lama so viel erzählt hatten. Ich war wie im Rausch, denn ich konnte die Gottesluft nicht nur riechen und hören, wie sie mir um die Ohren pfiff, nein, ich war durchdrungen von ihr. Ich WAR die Gottesluft. War ich erleuchtet? Oder auf dem besten Weg ins Nirwinda? Die Schmerzen in meinem Bauch waren wie weggeblasen. Stattdessen hatte sich ein anderes Gefühl meiner bemäch-

tigt: unendliches Glück. Zum ersten Mal in meinem Leben fühlte ich mich vollkommen frei. Eins mit dem Sein und der ganzen Welt. In diesem magischen Moment der Erleuchtung wusste ich: Der Darmei Lama und die Mönche hatten recht gehabt. Und dies ist ihre Geschichte, die Geschichte der hohen Kunst des Furzens.

1. Kapitel
Der Darmei Lama

Wer sich mit dem trompetanischen Buddhismus beschäftigt, kommt nicht umhin, sich auch mit dem Darmei Lama auseinanderzusetzen. Das erste Mal wurde ich seiner Existenz fünf Kilometer vor den Toren des Ka-Karate-Klosters gewahr. Ich dachte, die hiesigen Bauern würden ihre Felder wie die unseren auch traditionell sonntags mit Gülle düngen. Doch mein Reisebegleiter schüttelte nur kichernd den Kopf und klärte mich über die außergewöhnliche Existenz des Darmei Lama auf.

Wer ist der Darmei Lama?

Der Darmei Lama, trompetanisch ད་མའིའི་ཏྟུ་ཏྟུས་ལྦ་མ་, gilt als der Wiedergeborene Überlieferer und *Überbringer der Eiligen Botschaft*.

Der Name Darmei Lama wird dabei auch übersetzt als der »Weise Lehrer aller warmen Lüfte« (siehe auch → *Titel und Ehrentitel des Darmei Lama*).

Der Überbringer der Eiligen Botschaft ist für die trompetanisch-buddhistische Glaubensgemeinde eine freie, über allen weltlichen Konstruktionen stehende Erscheinung. Seine Heiligkeit wird im trompetanischen Buddhismus als »Bodyswarmdram« bezeichnet. Er stellt somit eine »Wirklich gut wahrnehmbare Existenz« dar. Dieses zwar zutiefst spirituelle Wesen[*] tritt dennoch als Mensch auf. Seine überwältigende weltliche Präsenz kann auch von Nichtgläubigen bestens wahrgenommen werden: ohne jegliche optische Sinneseindrücke und aus großer Distanz.

Der Lama erfüllt die Rolle als Oberhaupt der Glaubensgemeinde und Botschafter des Windes. Der amtierende Lama brilliert über die Grenzen seiner Glaubensanhänger

---

[*] Auch in der christlichen religiösen Vorstellung der Dreifaltigkeit existiert so ein Wesen: Vater, Sohn und Heiliger Geist. Letzterer übernimmt nicht selten die Rolle eines Koboldes, der für verschiedenen Schabernack verantwortlich ist.

hinaus mit seinem hervorragenden Ruf als weise, friedliebende, humorvolle, mediokre und, auf eine gewisse Art, *sehr* ätherische Erscheinung. Durch seine starke Präsenz in den modernen Medien weckt er bei vielen Menschen Interesse an inneren Werte. Die *Kunst des Furzens* stünde ohne die geschätzte Öffentlichkeitsarbeit seiner Eminenz vermutlich noch im Dunstkreis der Muffigkeit, gelobt nur von den Verlorenen, Einzelgängern, »Hippies« und »versponnenen Esoterikern«. Dank der Bemühungen seiner Hoheit gehört deutlich hörbares Verstoffwechseln nunmehr zum guten Ton einer Gesellschaft.

Im Jahr 2013 wurde seiner Heiligkeit endlich der begehrte Nobelpreis für Verdauung verliehen. Derzeit lebt der amtierende Lama in Darmramasala im Exil.

Das Amt und die Aufgaben des Darmei Lama

Die Aufgabe des Erleuchteten kann sehr einfach definiert werden: Er hilft anderen, aus dem ewigen Kreislauf des Leidens auszubrechen.

Hierzu seine Heiligkeit, der Darmei Lama:

»Der Wind soll keine Geißel der Menschheit sein, sondern ein heiterer Akt der Befreiung. Der Ewige Kreislauf. Das Ying und Yang. Leidenschaft und Harmonie. Geben und Nehmen. Riechen und gerochen werden, Lachen und Weinen. Geburt und Tod. Das Wunder des Daseins. Der Anfang und das Ende. Verkehr und Gegenverkehr. Nass und trocken. Besser aber trocken.«

Dem ist nichts hinzuzufügen. Außer vielleicht noch ein paar weitere weise und wohlgesetzte Worte seiner Höchsten Eiligkeit:

»Pressen kann niemals der Weg des Nirwindas sein. Nicht drücken, nicht quetschen, nicht sehnen. Es ist das federleichte Einswerden mit dem Wind. So wie der Kolibri,

der fest in der Luft zu stehen scheint und
dabei leichter ist als Luft und leichter als die
Blume, an der er sich so gerne nährt. Der
Kolibri bedrängt nicht. Keinen süßen Nektar
und keine Blume, er presst sie nicht und
wird sie nicht herbeisehnen. Es fliegt ihm zu.
Er fliegt. Der Wind fliegt, oh, er fliegt!«

Natürlich nimmt der Darmei Lama auch repräsentative
Aufgaben als Vertreter der »Wahrheit des Windes« oder
»Windigen Wahrheit« wahr. Er ist häufig geladener Gast
bei Staatsbanketten und Gipfeltreffen, Galadinners und
offiziellen Einladungen der Königshäuser. Der Darmei
Lama ist neben Jesus Christus wohl der wichtigste Excusor[*]
unserer Welt: Er lädt die Sünden auf sich und quittiert
diese mit einer mächtigen Waffe: unendlicher Güte.
In diesem Sinne erlangte ein Bonmot Unserer Heiligkeit
internationale Berühmtheit und wurde weltweit in der
Presse als endgültiger Durchbruch und Akt der Befreiung gefeiert: So kommentierte der Darmei Lama einen
auffallend gut hörbaren gastroenterologischen Vorfall des
damaligen britischen Premierministers Tony Blair während eines Bankettes mit dem englischen Königshaus mit
den Worten »… und wer danebensaß, der war's (rechts
neben Tony Blair saß Queen Elisabeth II.).«[**]

---

[*]   Ein Excusor übernimmt stellvertretend und formal die Entgleisungen
      oder Peinlichkeiten Dritter bei offiziellen Anlässen. Umgangssprach-
      lich heißt Excusor auch Sündenbock.
[**] Während einer anschließenden Pressekonferenz erlaubte sich der
      Darmei Lama – auf diesen Vorfall angesprochen – folgendes raffinierte
      Bonmot: »Haus Windsor. Quot erat demonstrandum.«

Wieder ein unglaublich kühner und schöner Beweis dafür, wie leicht und heiter der Ausbruch aus dem Kreislauf zwischen Schuld, Buße, Einkehr und ewiger Wiederkehr doch sein kann. Dieser Anlass ist im Übrigen der einzige dokumentierte Moment, in welchem ein Mitglied der königlichen Familie öffentlich Austern spuckt, zuckend zusammenbricht und sich minutenlang auf die Schenkel klopft (Prinz Philip, Duke of Edinburgh).

Die formell akzeptierten Anreden des Darmei Lama sind übrigens: »Meine Heiligkeit« oder »Seine Heiligkeit«, »Ihre Heiligkeit« und »Eure Heiligkeit« und – selbstverständlich – »Unsere Heiligkeit« oder einfach »Possessivpronomen Heiligkeit«. Es ist darüber hinaus in vielen offiziellen (religiösen wie weltlich-diplomatischen) Protokollen üblich, dass bei der Modulierung des Wortes Heiligkeit das »h« unausgesprochen bleibt.

Titel und Ehrentitel des Darmei Lama

Obwohl seine Heiligkeit ein zutiefst bescheidener Mann ist und sich selbst als »einfachen Mönch« bezeichnet, trägt seine Funktion als Überbringer der Eiligen Botschaft einige Titel mit sich – auch wenn der Lama auf keinen von diesen in irgendeiner Form besteht. Wobei ihn einige davon immer wieder zum Nachdenken bringen und andere schmunzeln lassen.

Weitere Titel des Darmei Lama sind:

* Verkünder der Eiligen Botschaft
* Heber und Lüfter der Bettdecke
* Seine Durchjaucht
* Erhabener des Verdachtes
* 1. Vorsitzender des Kohlzucht e.V. Trompetanien-Süd
* Seine Zwanglosigkeit
* Beherrscher des runden Muskels
* Hüter des Örtchens
* Seine Höchste Flatulenz
* Überbringer der Eiligen Botschaft
* Lord of the Ring
* König der Kippfenster
* Zerstäuber der Zäpfchen
* Bodyswarmdran Darmdrangerang
* Bändiger der Trompetenkäfer
* Heißluftbaron
* Schneller Brüter
* Seine Exkremenz, der Lama

Der Heilige
»Reinkarnator«

Die jüngeren und ganz jungen Gläubigen der trompetanischen Gemeinde nennt seine Eiligkeit liebevoll und mit
Hingabe »Unser Heiliger Reinkarnator«. Welch schöner
Beweis für die herzliche Akzeptanz, die der Wiedergeborene bei allen Bevölkerungsschichten genießt!

Die Reinkarnation des Lama – was ist das, wie geht sie
vor sich?

Allgemein wird im trompetanischen Glauben davon aus-
gegangen, dass der Lama bis dato 25 Vorgänger hatte. Der
erste Lama dürfte um die Zeit Christi Geburt ins Amt
gehoben worden sein. Alle Lamas konstatierten einhellig
die Freiwilligkeit ihrer Wiedergeburt, da ohne diese die
gezielte Reinkarnation nicht möglich wäre.

Über seine Wiederwerdung macht seine Durchlaucht, der
25. Lama, während eines Interviews folgende Bemer-
kung, welche die spirituell interessierte Welt sehr zum
Nachdenken brachte:

»So eine Wiedergeburt ist ein gewaltiger
logistischer Aufwand. Da steckt ein kompli-
zierter kosmischer Plan hinter den Millionen
Seelenwanderungen. Ich wiederhole: Jede
Sekunde auf der Erde wandern Millionen

von Seelen. Man kann sich das in etwa so vorstellen wie einen Ausflug mit Vorschulkindern. Jeder hat es eilig, irgendwo hinzukommen, aber keiner weiß genau, was das Ziel ist. Da kann unterwegs viel passieren. Ich kann mich erinnern, dass ich einmal erst fünf Tage als Stechmücke unterwegs war und dann noch ein paar Stunden als Kolibakterium ein seltsames Dasein fristete, bis ich endlich wieder der Lama war. Ich habe daraus viel gelernt und kann sagen, dass eine Auszeit als Kolibakterium oder Chlamydie nicht empfehlenswert ist. Das ist nicht tantrisch.«

Nach eigener Erinnerung und Bekundung des Darmei Lama war nicht jede seiner Karnationen bzw. Inkarnationen leicht. So zum Beispiel während des Mittelalters:

»Pest, Cholera, Kriege und Hunger - da wüsste ich auch Besseres. In solchen Epochen fällt einem die Reinkarnation nicht ganz so leicht. Andererseits brauchen die Menschen gerade in schweren Zeiten meine Hilfe umso notwendiger. Hier musste ich besonders viel Licht, Kontemplation und frischen Wind unter die Menschen zu bringen. Nichts, keine Krankheit und kein Krieg, war für mich jemals ein Grund, mich vor der

Wiedergeburt zu drücken. Es ist doch so:
Gerade in meiner trompetanischen Heimat
herrschen bis heute von den chinesischen
Besatzern aufgezwungene Geistesarmut,
wenig erhellende chinesische Parteipropag-
anda, chinesische Planwirtschaft, die aus
Kohl besteht, und chinesische Karaokemusik.
Die Propaganda, Dummheit und der Kohl
sind da noch die geringeren Übel. Aber die
Musik, DIESE Musik, die brachte mein
Volk fast um. Mein Volk braucht mich.
Sollte es mich suchen: Es findet mich im
Exil oder in Unterhaltungsshows.«

Auswahl und
Auffindung des Lama

Der Lama wird zum Zeitpunkt des Todes seines Vorgängers von sehr speziell ausgebildeten und ausgewählten Mönchen gesucht. Drei unabhängig voneinander aufbrechende Gruppen müssen das Kind aufspüren und anhand genau festgelegter Regeln und Indikatoren zweifelsfrei identifizieren.

Im Fall des gegenwärtig amtierenden Lama handelte es sich um einen im Bhutan* geborenen Zweijährigen namens Methan Brummerhan aus der Provinz Phodrang.

Die sehr spezielle Suchtechnik der Mönche hat dabei bis in den westlichen Sprachgebrauch gefunden: »Aditi Ir-ma!« – »Immer der Nase nach«, rufen sich die Mönche auf ihren Auffindungsexpeditionen an jedem Morgen aufmunternd zu. Im Fall des amtierenden Lamas berichteten die Mönche jedoch auch von einer »Überwältigenden Hörbarkeit«, welche sie als »bis über das große Dach des Himmels hinweg!« beschrieben. Die sonst jahrelang andauernde Suche verkürzte sich so auf nur drei Tage.

Es sind uralte Regeln, Riten und Ausschlussverfahren, die schließlich untrüglich und zweifelsfrei das »richtige« Kind als den Wiedergeborenen, den Lama, identifizieren. Um die Vakanz des Lama zu beenden und dem Kind eine erstklassige Ausbildung und Erziehung angedeihen zu lassen, wird dieses anhand einiger spezieller Aufgaben getestet.

---

* Bhutan übersetzt sich als das »Land des Donnerdrachens«.

Besteht das Kind die im Nachfolgenden beschriebenen Aufgaben, ist die Vakanz beendet und der neue Lama gefunden. Zur Inthronisation findet dann am darauffolgenden Samstag auf vielen öffentlichen Plätzen in allen Städten und Gemeinden Trompetaniens eine nationale rauschende Feierlichkeit statt: Zum Prööt-Popo-Bömmeröm-Fest wird traditionell milder Bohneneintopf gereicht und Yakbuttertee mit Arrarak[*] getrunken. Die Männer atmen dazu ein wenig Bhutan- und Propangas ein. Der Prööt-Popo-Bömmeröm-Tag der Inthronisation ist dann bis zur Inthronisation des nächsten Reinkarnierten Nationalfeiertag, zumindest für jenen Teil der Bevölkerung, der das Fest überlebt.

Aufgaben des Kindes, das als Lama infrage kommt

Das Kind muss:
* fünfzehn Strecksprünge absolvieren und bei jedem Sprung eine Flatulenz absondern.
* zwei große Teller Kohlsuppe essen und nach einer Stunde drei Kniebeugen vorzeigen, ohne zu pupsen.
* einen Furz aus etwa zwanzig verschiedenen Geräuschen heraushören, darunter Donner, Pistolenschüsse, platzende Luftballons, quietschende Plastikstühle oder aber das Geräusch, das entsteht, wenn man in eine Qualle tritt.

---

[*] Arrarak ist ein süßlicher Schnaps aus Hülsenfrüchten und Reismaische.

✳ alle erdenklichen Hülsenfrüchte ohne Anzeichen von Allergien oder Unverträglichkeiten essen.

✳ von Natur aus freundlich sein. Hierzu werden Nachbarn und das nähere Umfeld des Kindes befragt. Im Trompetanischen wird bei negativen Attestierungen aus dem Lama-Anwärter ein »Arschlochkind«. Arschlochkinder gelten im trompetanischen Glauben als unrein. Sie fallen als Lama-Kandidaten aus und müssen im Weiteren eine Lehre in einer chinesisch geführten Großbank absolvieren.

✳ einen Teint aufweisen, der hervorragend zu safranfarbigen Kitteln passt.

Auf einer uralten trompetanischen Gebetsmühle (auf etwa 2000 v. Chr. datiert), der Peng-Klong-Lade, sind jene uralten Schriften eingraviert, die bis heute die zeremoniellen Aufgaben zur Identifizierung des Lamas beschreiben:
»Dröt-Prüt-Bäm. Drängpengbämmeräng dong! Ei-Ei-Ei-Bing.«*

---

* Da eine genaue Übersetzung aus dem Alttrompetanischen in eine westliche Sprache unmöglich ist, kann hier nur grob der Sinn des jahrtausendalten Spruches wiedergegeben werden: »Ein guter Furz diskriminiert keinen Tauben. Er kann ihn zwar nicht hören und ebenso gut riechen wie ein Blinder, ein Lahmender oder ein geistig Schwachsinniger. Doch nur der Darmei Lama ist in der Lage zu sagen, ob Ei dabei war, und wenn ja, wie viele.«

Das Komitee zur Suche des Lama

»Es kann einem Mönch keine größere Ehre zuteilwerden als diese!«, konstatiert Kunzang Hochholzer, derzeit der leitende Mönch der Ersten Trompetanischen Suchtruppe. »Was sind dagegen schon ein paar kaputte Nasenscheidewände oder Trommelfelle?«

Zwar liegt das Augenmerk der breiten Öffentlichkeit auf dem Wesen des Auserwählten, dennoch sollte auch dessen Suchtrupp eine gewisse Aufmerksamkeit zuteilwerden:

Arundhati Rjöngdeng war der älteste Mönch des aktiven Suchkomitees. Ihm oblag die Aufgabe, die Ohren offen zu halten und buchstäblich nach dem Auserwählten zu lauschen. Arundhati verfügte nicht nur über das sogenannte absolute Gehör, sondern auch über die Fähigkeit, trotz seines Alters ein phänomenales Klangspektrum wahrnehmen zu können. Ihm ist es zu verdanken, dass der Verkünder der Eiligen Botschaft zweifellos identifiziert werden konnte: Dessen individueller »Windklang« und das »Luftrauschen« seines Vorgängers waren identisch. Beide hatte der mutige alte Mönch zu Ohren bekommen – und der große Furz des neuen Dharmai Lama sollte dann auch das Letzte sein, was er in seinem Leben hörte. »Er ist es, er ist's!« waren seine letzten gesprochenen Worte. Seine Ohren und Trommelfelle konnten durch einen beherzten Eingriff seiner Kollegen vor der vollständigen Zerstörung bewahrt werden. Bis zu seinem Tode trug er sie in einem Brustbeutel bei sich.

Die Leitung des Komitees besetzte damals ein relativ junger Mann, der bereits erwähnte Kunzang Hochholzer. Er war Sohn einer trompetanischen Yak-Melkerin und eines österreichischen Bergtouristen. Der sehr talentierte Musiker Kunzang war weit über die Grenzen des Himalaya-Gebietes hinaus bekannt. Sein exzellentes Paukenspiel und Taktgefühl qualifizierten ihn zum rhythmischen Leiter der Kommission. Darüber hinaus oblag ihm die Überprüfung der Redlichkeit sämtlicher Bewerber und der infrage kommenden aufgespürten Personen. Denn bei aller Freundlichkeit des trompetanischen Volkes darf nicht vergessen werden, dass der Darmei Lama sich nicht nur tiefer Verehrung erfreut, sondern auch überaus reichlich beschenkt und sehr oft eingeladen wird und große Privilegien erfährt. Jedes Haus, welches der Lama »weiht«, gilt als immer und ewig geheiligt – bei besonders starken Weihen sogar als nicht mehr begehbar.

Prominente Stimmen
über den Lama

»Von seiner zurückhaltenden Art sollte man nicht auf seine Präsenz schließen. Denn seine Präsenz ist, wo er geht und steht oder auch nur gegangen ist oder gestanden hat, überwältigend.«

Ban Ki-moon, Generalsekretär
der Vereinten Nationen

»Ich bin von ihm wahrhaft bewegt, tief berührt und nun, da ich seine Eminenz kennen lernen durfte, sein glühender Anhänger.«

Tom Cruise, Ex-Scientologe

»Meine Knie wurden weich. Ich musste Halt suchen. Körperlich wie geistig wurde ich ein anderer Mann nach meiner Begegnung mit dem Lama. Es war ein mächtiges und auch erschütterndes Erlebnis. Ich bin davon nun seit fünfundzwanzig Jahren wie benommen und rede nur noch wirres Zeug. Und wie der Kerl mit seinem Hintern meine Haare geföhnt hat ... Das geht nie wieder weg.«

Donald Trump, Donald Trump

»Er ist so leise wie eine Rose. Leicht und heiter wie der Kolibri. Tief und schwer wie gut gereifter Wein aus dem Burgund. Doch ganz anders betört und verstört sein Duft.«

Kai Diekmann und Marianne Sägebrecht,
hin und weg

2. Kapitel

Aspekte des trompetanischen Glaubens: Ka-Karma, Darmsala und Bumsamsara

Das Faszinierende am trompetanischen Buddhismus ist die starke Verbindung des Seelenheils mit der körperlichen Existenz an sich. Glaube ist nicht bloß ein metaphysisches Konstrukt, sondern physisch fühl- und erfahrbar. Und das große Ganze und den ganzen Rest verlieren die trompetanischen Buddhisten auf dem Weg ins Nirwinda auch niemals aus den Augen.

Das Ka-Karma

Jeder Furz hat eine Folge: das Ka-Karma. Es wirkt sich direkt oder indirekt auf den Furzenden aus oder auf einen Dritten. Diese Folge muss weder direkt folgen noch den Auswindenden betreffen. Auch geht die Folge nicht immer auf diesen zurück. Als klassisches Beispiel dient der Furz im Fahrstuhl (sic!). Die Folgen eines schweren Ausgasens erlebt oft eine Person, die einen leeren Aufzug betritt. Der Furzende hingegen hat längst den Aufzug verlassen. Steigt nun eine weitere Person hinzu, geht das Ka-Karma des Furzes auf die bereits anwesende (und wohlgemerkt – am Furz völlig unbeteiligte) Person zurück. An dieser Stelle überschneiden sich Ka-Karma und Karma (die sogenannte Karmendualität). Schlechtes Ka-Karma wird zu schlechtem Karma.

Das große Ziel des Gläubigen ist es, aus dem ewigen Kreislauf auszuscheiden und so ins Nirwinda zu gelangen. So soll seine Heiligkeit der Lama nach einem Bohnenauflauf – nach eigener Aussage völlig ohne Hilfsmittel (nicht einmal mit Unterstützung eines kleinen Kräuterlikörchens) – über 24 Stunden nicht den allergeringsten Wind entlassen haben. Dies sei etwa zwei oder drei Inkarnationen vor der jetzigen geschehen – in einem Leben, in dem er sich noch dazu herabließ, eingeforderte »Beweise« zu erbringen.

Die folgende Anekdote erzählt man sich dazu noch heute in der Provinz Dharm:

Als der Lama einmal vom Leiter und Gründer der Very Sceptic Society James Rundi* darauf angesprochen wurde, ob er einen Beweis für seine Fähigkeiten erbringen könne, lachte seine Heiligkeit nur und antwortete lapidar: »Na, Jimmy, nun denn, zieh mal an mein' Finger.«

Noch immer gilt das Fingerziehen vor allem unter den jungen trompetanischen Mönchen als beliebter Partyspaß.

---

* James Rundi ist ein prominentes Mitglied der Very Sceptic Society, welche sich mit übersinnlichen Phänomen, paranormalen und Pseudowissenschaften sowie Donald Trumps Haaren beschäftigt.

Das Darmsala

Das Darmsala beschreibt den ewigen (und somit leidvollen) Kreislauf nahezu jeder Lebensform unseres Planeten:
essen, trinken, atmen, verstoffwechseln, flatulieren,
essen, trinken, atmen, verstoffwechseln, flatulieren,
essen, trinken atmen, verstoffwechseln, flatulieren,
essen, trinken, atmen, verstoffwechseln, flatulieren,
essen, trinken, atmen, verstoffwechseln, flatulieren,
essen, trinken, atmen, verstoffwechseln, flatulieren,
essen, trinken, atmen, verstoffwechseln, flatulieren,
essen, trinken, atmen, verstoffwechseln, flatulieren,
essen, trinken, atmen, verstoffwechseln, flatulieren,
ess (gut jetzt! *Anm. d. Setzers*).

Bumsamsara

Bums ist das Entfleuchen selbst. Es bezeichnet im trompetanischen Glauben einen Erkenntnisvorgang, der auf dem Erleichterungsweg von zentraler Bedeutung ist.

© Kamira/Shutterstock.com

Darstellung eines sitzenden Buddha
auf dem Weg der Erleichterung

Ein Bums ist nach der trompetanischen Lehre ein Vorgang, welcher aus eigener Kraft Reinheit und Vollkommenheit erreicht und somit eine grenzenlose Entfaltung aller Potenziale erlangt hat: vollkommene Gewissheit, unendliches Befreiungsgefühl und vollständige Heiterkeit. Ein wahrhaft gelungener Bums kann zum Eintritt in die Erleuchtung führen. Ein schlechter Bums führt direkt nach Hause und in die Badewanne. So lautet ein uraltes (und recht derbes) trompetanisches Sprichwort: »Nur ein reiner Bums ist ein guter Bums, alles andere ist Kinderkacke!«

Die fünf Trompetaner

Die fünf Trompetaner heißt eine Abfolge von körperlichen Übungen, die den Körper und Geist des Gläubigen gesund halten. Die fünf Trompetaner fördern außerdem einen sehr befreienden Abgang der Winde einerseits – und helfen andererseits, auf höherem Niveau betrieben, Darmgase zu kumulieren, herbeizuführen, völlig abzuwenden, zu artikulieren (in Musik und Texten) oder mit besonderen Aromen zu versetzen. Auch eine gewollte Verstärkung des Druckes soll durch die Beherrschung der fünf Trompetaner möglich sein. Allzu oft lassen sich Fürze nur als hässlich und ungewollt bezeichnen. Nehmen wir zum Beispiel das sicherlich gesunde, positive und gut gemeinte Darshanas-Yoga. Die gemeinschaftlich unternommenen Übungen, das Herumrollen, die Streck- und Dehnübungen führen ebenso unweigerlich wie ungewollt zum flatulenten Abschlag. Doch wie stehen diese Gase da? Wie werden sie wahrgenommen? Als gehetzte Flüchtige zerfetzen sie Stille. Als verbrämter Störer der Erkenntnis führen sie in die Verwirrung. Wie viel harmonischer, ästhetischer und gesünder nehmen sich hier die Übungen der fünf Trompetaner aus! Der wohldosierte Wechsel zwischen einatmen, sein, spüren und ausbrummen schult und esoterisiert den gesamten menschlichen Metabolismus.

Die fünf heiligen Übungen werden auch von westlichen Ärzten empfohlen und in Fitnesscentern, Wellnessho-

tels, Betrieben und Volkshochschulen in gut geschlosse-
nen Räumen angeboten.
Der Lama dazu:

»Gemeinsame Ertüchtigung von Körper und
Geist sind unverzichtbar und ganz wunder-
bar. Die fünf Trompetaner praktiziere ich
selbst schon seit vielen Jahren. Sie bringen
meinen Körper in einen leichten und sehr
beweglichen, angenehmen Zustand. Für
die Übungen des Geistes habe ich ein aus-
gezeichnetes Rezept entwickelt: Mit Roten
Rüben, Zwiebeln und Bohnen hört man
meinen Geistesdonner bis in die Große Halle
des Volkes in Peking.«

Der erste Trompetaner (Sonnengruß)

Zweck der Übung:

Diese Übung dient rein der Auflockerung und Vorbereitung des Körpers und der Spiritualität. Der erste Trompetaner soll Muskeln, Bänder und das Zwerchfell gut dehnen sowie die meridianen Chakren und das Chi ansprechen. Hier vor allem den sakralen Beckenbereich sowie die Energiewirbel am Rektum, dem Anfang und Ende allen Glaubens. Der Sonnengruß ist vornehmlich als heitere, leichte und lockernde Übung gedacht.

Damit der Übende sich voll aufrichten und hin zur Sonne wenden kann, muss er sich fröhlich lockern und auf den im weiteren Verlauf notwendigen Körpertonus positiv vorbereiten. Die Übung dient ja auch dem harmonischen und ganzheitlichen Einschwingen für das Leben in harmonischer Achtsamkeit. Zu guter Letzt bildet der erste Trompetaner ein Energieband (Kundalini), das störende Blockierungen zwischen Hypothalamus und Fersen lösen soll.

Die Ausführung:

Hierzu werden zunächst die Füße etwas weiter als hüftbreit in den Boden gestemmt. Die Hände ruhen locker auf den Knien. Kopf, Wirbelsäule und Becken bilden eine gerade Linie im rechten Winkel zu den Oberschenkeln. Nun wird der Kopf erst vorsichtig im Uhrzeigersinn gekreist und gleichzeitig das Becken gelockert. Danach kreist der Kopf langsam gegen den Uhrzeigersinn.

Die Arme lösen sich und folgen lose den Bewegungen. Anfänger dürfen sich an einem Gegenstand festhalten.

Erst am Ende der Übung wird die volle Körperspannung aufgebaut; der Übende richtet sich nun gerade und aus den Beinen heraus auf. Er atmet ruhig und tief ein, verharrt einen Moment. Dann atmet er aus und geht langsam und konzentriert in die Ausgangsposition zurück; erst jetzt grüßt er gut wahrnehmbar die Sonne. Die Übung Sonnengruß kann dann als erfolgreich aufgelöst angesehen werden.

Wichtig! Die hier und bei allen folgenden Übungen gezeigten Bilder können übrigens keinen lizenzierten (!) und gut ausgebildeten Meister ersetzen. Die Gefahr von unkontrolliert und schädlich ausgeführten Übungen kann irreparable Folgeschäden für den Praktizierenden und dessen Umgebung hervorrufen. Der Autor übernimmt keine Haftung für Schäden, die durch das fehlerhafte Nachmachen der hier beschriebenen Übungen entstanden sind.

Der zweite Trompetaner
(Der aufgehende Mond)

Zweck der Übung:
Die Übung »Zweiter Trompetaner« kann bereits tiefer sitzende Flatulenzen bewegen oder diese zumindest vorteilhaft bündeln (siehe -> Cirrusbums). Ebenso können so recht einfach die wichtigen Lebensfreude- und Kraft-Energiebahnen stimuliert oder sogar reaktiviert werden. Beachten Sie bitte auch: Es soll mit den fünf Trompetanern auch immer die Voraussetzung geschaffen werden, dass ein Wind sicher und ungehindert abgehen kann. Nicht nur aus dem Körper des Schülers, sondern auch durch ein gekipptes Fenster.
Bitte beachten Sie außerdem: Lassen Sie Ihren Mond nur dann aufgehen, wenn Sie ausatmen! Ein unachtsam beim Luftholen gelassener Furz kann sich verhärten und innere Organe angreifen oder den Verdauungstrakt, die Seele oder die Unterwäsche schädigen.

Die Ausführung:
Setzen wir uns nun auf den Boden und ziehen die Beine bis ans Kinn – oder so weit wie möglich. Diese Stellung sollte eine gewisse Zeit gehalten werden. Danach lösen wir die Haltung auf und strecken die Beine aus. Dabei sollen die Zehen zum Kopf zeigen. Wiederholen wir die Übung und rollen dann über den Rücken (die Füße sollen hinter dem Kopf zum Boden geführt werden). Ungeübtere Schüler gehen nur so weit zurück, wie sie noch die volle Kontrolle über ihren Körper behalten können.

Wichtig! In dieser Phase kann es ohne größtmögliche
Vorsicht zu unschönen Übungsausgängen kommen.

Der dritte Trompetaner (Der Krieger)

Zweck der Übung:

Der dritte Trompetaner stimuliert, stabilisiert und aktiviert die Wasserstoffbrücken der einzelnen Körpersaftmoleküle. Mit ihm wird außerdem das Bindegewebe am Gesäß sehr gut durchblutet. Dies ist die Grundvoraussetzung, um befriedigend anzublasen, einen gefälligen, überzeugenden oder einschüchternden Ton (Der Krieger!) zu modellieren.

In dieser mittleren Phase der Trompetaner-Übungen muss der Sich-Loslassende eine Entscheidung treffen: Bin ich in einer guten Verfassung? Mache ich hier weiter? Wie fühle ich mich? Was fühle ich? Gehe ich noch einen Schritt weiter? Oder stelle ich meine Übungen für den Moment hintan? Spüre ich bereits einen schönen Druck? Wie geht es mir – und wer bin ich – im Hier und Jetzt?

Die Ausführung:

In diesem dritten Stadium der fünf Trompetaner stehen die Füße eng nebeneinander auf dem Boden. Die Knie werden bis neunzig Grad angewinkelt. Ungeübtere gehen zunächst weniger tief. Die Arme sind gestreckt und eng am Körper, die Handflächen zeigen zunächst nach außen, dann bilden die Hände eine Faust. Nun wird die Stirn zum Boden hin gestreckt. Gleichzeitig senken wir uns auf die Knie. Sobald der Kopf den Boden berührt und der Körper voll seiner Chakren gewahr wird, atmen wir langsam ein und kräftig aus.

Wichtig! Die pumpende Atembewegung zum Ende muss unbedingt kontrolliert ausgeführt werden. Andernfalls wird diese Übung besser ausgelassen! Die Übung muss unbedingt in Perfektion ausgeführt werden, da sonst Verletzungen unumgänglich sind.

Der vierte Trompetaner
(Der Hund grüßt Gott)

Zweck der Übung:

Bei der vorletzenden Übung, dem »Vierten Trompetaner«, wird das Wesen eines Windes vollständig ins Bewusstsein des Übenden gerufen.

Denn nun ist der Gasgeist bei uns – aber noch nicht vollständig entwickelt. Er muss in dieser entscheidenden Phase weiter gehalten und geformt werden. Der Ton soll sich nicht willkürlich entwickeln: Erst die Tiefe und die sich entwickelnde Kraft, große Genauigkeit und das harmonisch abfallende Ende führen zum gewünschten Ergebnis und zu vollkommener Einheit mit Geist und Körper.

Dennoch stellt diese Übung nur den vorletzten Schritt zum letztendlich göttlichen Ziel dar. Das Augenmerk des vierten Trompetaners liegt *vor allem* in der olfaktorischen Aufarbeitung: Riecht der Gefleuchte gut – oder etwa nicht ausreichend? Oder anders als gewünscht (»fremd«, »krank«, »nach alten Socken«)? Eventuell kann die gesamte Sitzung als nicht sehr befriedigend oder sogar enttäuschend wahrgenommen werden. Davon soll der Übende sich nicht abschrecken lassen. Dies ist normal, die Übungen sollten dann zu einem späteren Zeitpunkt einfach wiederholt werden.

Geduld, Körperbeherrschung und ein hoher Grad an geistiger Reife sind beim gesamten Übungsablauf hilfreich – in der Abschlussphase aber nahezu unverzichtbar.

Wählen Sie einen Ort, an dem Sie diese Übung ungestört vollziehen können. Meiden Sie dabei unebene Böden, kleine Flächen oder häufig frequentierte Eingangsbereiche.

Die Ausführung:
Um der Entfleuchung möglichst nahe zu sein, werden zunächst mit der Hand Geruchsproben emporgehoben. Der Übende steht dabei entspannt. Sind diese Proben zu undeutlich (was meist der Fall ist), geht es nun in die Rückenlage. Die Arme sind ausgestreckt, die Handflächen zeigen nach unten. Dies stabilisiert den Oberkörper. Die Knie gehen nun zur Nase, der Unterkörper soll möglichst nahe an den Kopf gebracht werden. Hier erfährt der Meister die besten Ergebnisse seines Weges zur vollständigen Erleichterung.

Der Lama dazu:

»Selbst die größten und zutiefst begnadeten Meister empfinden manchmal den eigenen Freund-aus-dem-Rücken als unglücklich gelungen, seltsam und fremd. Ein altes, sehr weises trompetanisches Sprichwort besagt: ›Nicht einmal der Atem des in den Hochtälern des Himalajas karges Gras weidenden Yaks ist alle Tage gleich oder alle Zeiten anders.‹

Was sagt uns dieses wundervolle und überaus scharfsinnige Sprichwort? Ehrlich, ich weiß es nicht. Ich darf aber behaupten, dass auch mir, dem überaus bescheidenen Mönch, jene Übung des vierten Trompetaners schon ganz schön den Tag durcheinandergebracht hat. Tage, an denen ich dann händeringend und eilends mein Gewand in die nächste chinesische Reinigung bringen musste (reine Naturseide. Absolut nichts für die Waschmaschine. Aber eine Handwäsche wäre mir, ehrlich gesagt, zu eklig. Also, ab zum Chinamann damit).«

Der fünfte Trompetaner (Großer Marsklang)

Zweck der Übung:
Die letzte der fünf großen Übungen bereitet uns zum einen auf die tiefstmögliche Entspannung (auch nach der Expulsation) vor und stimmt uns zum anderen auf die nächste Sitzung ein. Die Übung soll auch eine belebende Wirkung auf unser Chi und unseren Geist erwecken. Dazu ist es dringend notwendig, das Chi, welches drei Finger breit unter dem Nabel liegt, wieder zu sammeln. Denn ohne Chi ist ein Wind ein »Drache in der Höhle ohne Ausgang«.

Die Ausführung:
Um das Chi zu sammeln, nehmen wir einen deutlich mehr als schulterbreiten Stand ein. Mit den Händen »greifen« wir in den Energiefluss auf Höhe unseres Gürtels und führen das Chi erst nach oben, über unseren Kopf und danach nach unten, zu unseren Füßen. Dazu atmen wir tief und langsam aus. Sollte sich hier Energie schlagartig lösen: Erschrecken Sie nicht und entschuldigen Sie sich gegebenenfalls auch bei den Menschen in Ihrer Umgebung.

Ist das Chi erst mal am Boden,
kann man es leicht aufwischen.

Ausbruch aus dem Kreislauf der ewigen Wiedergeburt – das Nirwinda

Das Nirwinda beschreibt den Ein- und Austritt der Luft aus dem ewigen Kreislauf von der reinen Atemluft und wieder zurück in den Körper. Das Nirwinda zu erreichen ist das große Ziel allen höheren Lebens – der Ausbruch aus dem ewigen Kreislauf und das Erreichen der Erlösung.

Nur der Erleuchtete nimmt freiwillig davon Abstand. Er kehrt freiwillig zurück in den ewigen Kreislauf. Nur der Erleuchtete ist, kurz gesagt, in der Lage, jeden auch noch so kräftigen Wind schadlos zu verdrücken: Das Wort Nirwinda bedeutet schließlich »verwehen«.

Doch nicht jeder luftlassende Mensch, der das allerhöchste Stadium des Nirwinda erreicht hat, wird als Auserwählter bezeichnet (in älteren Übersetzung und/oder bei undeutlicher Aussprache auch manchmal »Auserwehter«). Auserwählt sein heißt, dass der ewige Kreislauf selbst bestimmt werden kann. Man spricht dann innerhalb der Glaubensgemeinde ehrfürchtig von einem »Wind von Höchster Luft« oder »Entfesselter Luft« oder, seltener, von »Geist erfüllter Luft« oder auch von »Gottesluft«. Man darf aber nicht außer Acht lassen, dass ein Wind nur gelassen und nicht erzwungen werden kann. Insofern erreicht er nur zusammen mit dem Lassenden das Nirwinda.

Das Loslassen oder Lassen ist nicht nur zentrales Thema des Nirwindas und des gesamten trompetanischen Glaubens. Loslassen hat auch in unseren Breiten zentrale Bedeutung: beim Sterben, in der Liebe, in der komplizierten Beziehung zwischen Eltern und Kind sowie natürlich beim Drachensteigen und beim Händeschütteln.

Loslassen. Erreichen des Nirwinda im Buddhismus. Das «Wie»

Nirwinda wird einzig und allein erreicht durch das völlige Loslassen von allen irdischen Anhaftungen an die Winde. Dies gilt sowohl für die positiven wie auch negativen Gefühle. Gedanken wie »Ist das gerecht?«, »Wie nimmt mich meine Umwelt wahr?«, »Muss ich Schuldgefühle haben? Oder werde ich jemanden verletzen?« sind fehl am Platze. Die einzig richtige Frage des Gläubigen darf nur lauten: Wie kann ich loslassen? Schließlich bedeutet Nirwinda *nichts*. Kann man *nichts* loslassen? Was darf ich wiederum loslassen, um *nichts* zu erreichen? Habe ich *nichts* erreicht, wenn ich alles loslasse? Was erreiche ich nicht, wenn ich nicht alles loslasse?

Und wenn ich unabhängig von Orten, Situationen oder gängigen Konventionen nichts erreichen will ....

... was kommt dann vor dem Nichts?

Natürlich die Erleichterung!

Freilich ist ein Meisterschüler jederzeit in der Lage, einen Schwefelwasserstoff-Methan-Geist aus sich herausfließen zu lassen – doch ist dies bereits die ganzheitliche Erleichterung? Nein. Denn ein Flatul kann selbst von jenen gelassen werden, die wenig oder gar nicht erleuchtet sind. Wenn der Buddhist kurz die Augen schließt, findet er mitnichten sofortige Erleuchtung. Ebenso wenig wie wenn der Christ, Jude oder Muslim, der kurz Freundliches tut, ins Paradies findet.

Der Lama dazu:

»Wenn ein Anhänger einer heiligen Schrift nur in Momenten der Einkehr oder als Angstreaktion vor Bestrafung, also der Hölle, Gutes tut, um ins Paradies zu kommen, kann er das machen. Diese kurze Einsicht bringt den Gläubigen so nah an den Himmel, wie wenn ich mich auf ein Furzkissen setzen würde, um das Nirwinda zu erreichen.«

Der Schlüssel zum Nirwinda ist Achtsamkeit!

Der Wind kann allzeit fließen. Doch zum Nirwinda fließt er nur durch Achtsamkeit.

Ein Meister wie ein Anfänger kann 37 Grad warme Energie strömen lassen, die Energie wird immer die gleiche sein. Wichtig ist dabei der Blick nach innen. Egal, ob der Windende dabei alleine ist, egal, ob im Beisein von Fremden oder Freunden. Unabhängig, ob er sich gerade bewegt, sitzt, arbeitet oder meditiert. Das Nirwinda soll über allem Irdischen stehen – auch über Gefühlen, die der Pupsende gerade empfindet, wie etwa Hass, Neid, Lust oder ausgezeichnete Akustik.

Ist es wirklich Achtsamkeit, wenn der Wind leicht und ausgezeichnet fließt, wie nach einer üppigen Mahlzeit aus Sauerkraut, Bohnen, Pflaumen und Hirse? Oder vielleicht war dieser kurze Moment totaler Erlösung doch nur ein rein biochemischer Vorgang? Vielleicht mit zu viel Apfelsaft verstärkt? Auf der anderen Seite ist ein Auserwählter auch Dritten gegenüber empfänglich, freundlich und gänzlich positiv eingestellt. Er empfindet keine negativen Schwingungen. Selbst dann nicht, wenn sein Gegenüber den Raum mit Rettich, Ei und Zwiebeln erfüllt hat und dieser somit eher unrein ist. Oder sie sich in einer Gondel oder in der tantrischen Umarmung befinden.

Hier sagt der Lama:

»Achtsamkeit? Wer nach Sauerkraut nicht furzt, muss schleunigst zum Arzt! Der Weg zum Über-Ich liegt in der Kontemplation des Ich! Aus reiner Atemluft heraus zum Furzfluss zu finden und den achtsam zu kontrollieren, darum geht es. Prammm und Popp brapp, papperam, peng, peng! So geht das!« (kichert)

Nirwinda wird vom Lama in den heiligen Schriften an mehreren Stellen »das größte duftende Glück« genannt.

Achtsamkeit und Meditation

Wer den Furz zu sehr herbeisehnt, ist auf dem besten Wege, ihn für immer zu verlieren. Das Phänomen ist bekannt: Je mehr ein Individuum einem Wunsch nachhängt und begehrt, desto leichter kann es das Ziel aus den Augen verlieren. Wie etwa das freie Yak aus dem Tal, das sich auf der Suche nach etwas zartem Gras in den Weiten des Himalaja verliert, eine Familie gründet und stirbt.

Der Achtsame hingegen geht auf den Berg und schaut hinunter ins Tal. Dort oben ist er in der Position, sich dem Alltag zu entheben. Dort oben gewinnt er den Abstand. Dort oben lässt er ihn sodann fahren, als wäre es nichts und nichts ist, was er wollte. Der Abstand lässt ihn sich mit seinem Gefühl und seinen Gedanken definieren und identifizieren. Das große Vertrauen stellt sich erst ein, wenn sich das innere Lemma auflöst. Nur der Achtsame kann überhaupt an Meditation denken, sie liegt ihr zugrunde. Achtsamkeit lässt sich lernen, indem man einkehrt. Indem man aufnimmt, wartet und bemerkt. Wenn Meditation die Konzentration auf die Atmung ist, ist sie auch der Weg in die Furzluft hinein. Ein uneingeatmeter Furz ist ein nicht existenter Furz. So kann auch ein nichtspiritueller Mensch über einen Furz meditieren – einfach indem er ihn bewusst zulässt und ruhig einatmet. Nur so kommt es zum inneren Frieden mit dem Wind und der Luft, die jeden von uns umspült. Wer es nicht schafft, täglich zu meditieren, kann einfache tägliche Achtsamkeitsübungen praktizieren und in seinen Alltag integrieren.

Einfache Übungen zur Achtsamkeit sind:

- während des Badens auf die Luftblasen achten, statt über die Sorgen des Alltags zu sinnieren.
- beim Frühstücken mal einen Abschmettern, statt an die Hausaufgaben der Kinder zu denken.
- auf dem Weg zur Arbeit in den voll besetzten Bus gasen, statt an der frischen Luft mit dem Rad zu fahren, auf das Zwitschern der Vögel zu achten
- auf die Geräusche der Anderen im Bus achten, nachdem man los*po*saunt hat: Sind sie überwiegend anerkennend oder ablehnend? Von Überraschung oder von Enttäuschung geprägt?

Übrigens übernehmen die Krankenkassen keinerlei Schäden, die durch ein achtsames Leben entstanden sind. Im Gegenteil kann es zum Ausschluss aus der Versicherung führen. Dennoch ist das Verletzungsrisiko gering, solange man den Leitsatz beachtet: »…und wer daneben sars*, der war's.«

---

* Alte Schreibweise aus dem Sanskrit.

Den Furz hören, den Furz verstehen und vor allem: Wie finde ich zum Furz?

Was will mir ein Furz im Hier und Jetzt sagen? Ist der Furz schön? Ist er gut gelungen oder einfach nur interessant? Ist er böse? Verbirgt sich etwa eine latente oder akute Gefahr hinter einem Furz – oder ist er ein Ergebnis reinster Erleichterung?

Hinter jedem Furz verbergen sich eine ungeheure Fülle von Parametern, Aspekten und äußeren wie inneren Umständen. Diese zu erforschen – das ist die Aufgabe unserer Eiligkeit, des Lama. Er versteht sich dabei auch als Vermittler zwischen einer spirituellen und einer wissenschaftlichen Welt. Denn die eine schließt die andere beim Wind nicht aus. Im Gegenteil:
Ein altes trompetanisches Sprichwort besagt: »Wer den Wind als ganzheitliches Wesen versteht, geht mit ihm zum Licht. Oder zur Erleuchtung. Oder zum Fenster.«

Heißt, er bringt Läuterung und Erleichterung. Und wissenschaftlich gesprochen, ein Wind sagt viel über uns aus.

Der Wind verrät dem Meister:
* was und wie viel wovon sein Gegenüber gegessen hat. Eine einfache Eierspeise unterscheidet sich signifikant von einem Teller Linseneintopf. Es kann auch sehr wohl zwischen Linsen, Erbsen oder Brech-

bohnen differenziert werden. Oder war im Eintopf eine kräftige Fleischbrühe? Oder Bauchspeck?*

❊ Er, der Meister, kann ebenso bestimmen, ob der Lassende vom Typ her schüchtern oder forsch ist.

❊ Er ist in der Lage, anhand des Aromas, der Länge, des Drucks und der Reinheit eines Furzes die seelische Verfassung des Lassenden zu erforschen. Ist er (oder sie) traurig, wütend, nervös, verliebt, euphorisch oder depressiv?

❊ Selbstverständlich lassen sich auch Alter und Geschlecht des Pupsenden definieren. »Mädchenfürze tragen immer Rosenaroma«, so der Lama. »Das verliert sich allerdings« (eine enge Freundin des Lama).

❊ Anhand einer gewissen Konnotation des Pupses, ob der Lassende überwiegend der Herbst-, Winter- oder der Sommertyp ist.

❊ Gewicht und körperliche Verfassung. Wie ist es um die Körperspannung gestellt? Welchen Anpressdruck lässt der Body-Mass-Index des Auswindenden maximal zu? War das der sehr dynamisch gelassene Furz eines aktiven Bergsteigers – oder etwa der eines viel sitzenden Biertrinkers?

❊ Selbst die Religionszugehörigkeit lässt sich vom Geübten »lesen«. Ein Anhänger des katholischen Glaubens erleichtert sich beispielsweise wesentlich intensiver – aber eben ungeheuerlich viel leiser – als der lutherische Protestant. Auch tritt der rasende

---

* Überraschend große Unterschiede können im Zusammenhang mit mystischen Melonen und anderen Kürbisgewächsen wahrgenommen werden.

Fundamentalist anders in Erscheinung als ein gemäßigter Glaubensbruder.

※ Ist die flatulierende Person in einer Partnerschaft, so tönt es denkbar anders als beim frisch Geschiedenen oder ewigen Single.

※ In welcher Gemütsverfassung ist der Lassende? Eine Faustregel besagt: »Je entspannter der Flatulant, desto trockener der Furz. Oder anders ausgedrückt: »Echte Angst ist schnell richtig Kacke.«

Es gibt somit keinen »schlechten« oder »guten« Furz. Es gibt nur den Furz.

Es gilt, diesen in seiner oft eigenartigen Schönheit zu begrüßen – sich aber auch dessen Gefahren bewusst zu sein.

Andererseits ist jede flatulente Erscheinung gleichzeitig auch ein naturwissenschaftlich-physikalisches Phänomen, das bei einer umfassenden Betrachtung nicht unbeachtet bleiben darf.

Darmgeister lassen sich, ähnlich wie Wolken, nicht einfach beschreiben: Zu verschieden sind sie in ihrer Uneinheitlichkeit und Komplexität.

Dazu der Lama:

»Als spiritueller Leiter einer großartigen Bewegung kann und darf ich mich der Wissenschaft nicht verschließen. Im Gegenteil sehe ich keinerlei Widersprüche zwischen Forschung und Spiritualität, sondern ein vitales Miteinander. Gerade wenn es um flatulierende Geister und Erscheinungen geht, ist doch auch die Physik gefragt. Jedes Phänomen beruht auf die Existenz einer bestimmten Energie – unabhängig davon, an wen oder was man glaubt. Also habe ich mir erbeten, dass an dieser Stelle einige wissenschaftliche Beiträge und ein paar Peer-Reviews eingefügt werden. Ich bin schließlich der Darmei Lama, da darf ich machen, was ich will.«

3. Kapitel

Der Furz als Gegenstand der Wissenschaft

Ausriss aus einem aktuellen Leitartikel des wissenschaftlichen Magazins *Impact Flator*

… beachtet werden müssen bei jedweder Flactuanz also:

* die akustischen Merkmale, wie Lautstärke (»Hauch des Mondes«, »Streit der Affen« oder »Sterbende Basstrommel«), Schallwege, Schwingungen und Vibration des Bumbanten, Streuungen und Artikulation (Nonlegato, Tenuto, Crescendo oder sogar Staccato?). Hinzu kommen Parameter wie Dämpfungen, Hall und allgemeine Akustik der Umgebung sowie sprungfixe Druckwellenabweichungen sogenannter »Nicht stabiler Flatulenten«.
* olfaktorische Ausprägungen, wie gastroaromatische Konnotationen, Dichten und Massen von Speisen. Zudem bewegen einen Darmling auch immer Schwebstoffe, verschiedene Polaritäten sowie komplizierte Popolaritäten und die gefürchteten Falschen Freunde (überwiegend nichtgasförmige Bestandteile).
* Andere Parameter wie Kleidung des Flatulierenden, aber auch die Bewegung des Furzenden (Nähe, Wege, Kleidung) nehmen Einfluss auf Länge, Lautstärke und Druckwege. Ein Beispiel: Springt ein Lassender beim Furzen in die Höhe, so wird der Flatus sich anders entwickeln, als wenn dieser zum Beispiel gerade in der Badewanne döst oder unter großem

emotionalen Druck in einem Karussell mitfährt und Freude (oder Angst oder beides) erfährt.

※ Anderseits löst ein Furz gegenüber Dritten oft sehr unterschiedliche Empfindungen und Reaktionen aus: Eine fürsorgliche Mutter reagiert auf abgehende Koliken ihres weinenden dreimonatigen Babys auf eine andere Art (nämlich positiv) als die seit vielen Jahren verheiratete Ehefrau auf den Furz des Partners. Während die junge Mutter ihrem Baby sanft das Bäuchlein streichelt und es somit zum Weiterpüpseln ermuntert, reagiert die Ehefrau diametral entgegengesetzt. In Extremfällen kann es sogar zu offenen Gewaltausbrüchen kommen. Es ist ein Fall aus der autonomen Provinz Qinghai, bei dem eine überaus kräftige Frau ihren furzenden Ehepartner im Affekt tötete. Sie hieb ihm mit der flachen Hand auf den Kopf, nachdem dieser einen kräftigen »Yakbutterteeschuss« im Bett in ihre Richtung entlassen hatte. Es soll unter anderem von einem Falschen Freund die Rede gewesen sein. Der erste Halswirbel des Mannes war glatt durchgebrochen. Die Schlafhose sowie das Bettlaken und Teile der Jurte des Ehepaares waren unrein.

Wie der Lama die Rolle der Frau als Gläubige definiert

»Wenn Mädchen pupsen, riecht es nach Rosen. Fertig!« So vermeintlich frauendiskriminierend nimmt der Lama Stellung zu seinem Werk »Emotional grass grows, where Pöng-Mary goes.«

In seinem Buch und epochalen Werk definiert er sehr detailliert die Rolle der Frau innerhalb des trompetanischen Glaubens. Dazu befragt, erklärte er in einem Interview: »Bis auf die des Lamas sind alle tragenden Rollen im trompetanischen Buddhismus von Frauen besetzt. Das liegt an ihrer stolzen und selbstbewussten Natur. Trompetanische Frauen können in jeder Hinsicht mehr Druck machen als eine Herde wilder Flussbüffel. Und das, obwohl die Damen natürlich viel schlanker sind.« Eine Tatsache, die den Lama sichtlich erfreut, auch wenn er mahnend anmerkt: »... zumindest vor den Hauptmahlzeiten.«

Druckwellendiagramm nichtstabiler Flatulenten nach Halley-Schröpf

Wertvolle Grundlagenforschung, die die heutige Klassifizierung von Flatulen überhaupt erst ermöglichen, verdanken wir den beiden britischen Wissenschaftlern Sir Reginald Halley und seiner Lordschaft George Schröpf, die vor mehr als 200 Jahren Trompetanien bereisten. Fasziniert von der hohen Kunst des Furzens der trompetanischen Mönche, entwickelten sie ein technisches Diagramm, das den Druck-Licht-Komplex jedweder nichtstabiler Flatulenten abbildet und für die Wissenschaft der Winde ähnlich bedeutend ist wie die Relativitätstheorie für die Quantenphysik.

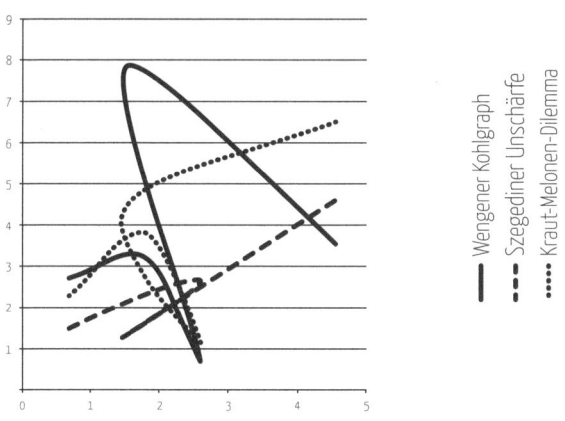

X-Achse: die Stärke des Druckes, gemessen in Bar
Y-Achse: die Stärke des Aromas, gemessen in Grad Öchsle

Die Formen der Winde

Kein Furz gleicht dem anderen, ebenso wie keine Regenwolke wie eine andere ist. Wolken sind den Winden überhaupt sehr ähnlich – mit dem großen Unterschied, dass man Wolken nicht riechen kann und Fürze nicht über der Landschaft abregnen. Im Folgenden sind die wichtigsten Winde kurz beispielhaft beschrieben:

Mongolischer Ofenwind

Ein Mongolischer Ofenwind entsteht ausschließlich unter Bettdecken, die sich mindestens zwei Menschen teilen. Mongolische Ofenwinde sind nachgerade das Gegenteil von flüchtig. Sie sind die sesshaftesten Winde der Welt und überaus beständig. Der älteste Mongolische Ofenwind ist dreizehn Jahre alt und lebt im Bett des mittlerweile achtzehnjährigen Auszubildenden Peng Längläng. Der Mongolische Ofenwind ist immer sehr streng und kräftig.

Unterwasserwind

Der Unterwasserwind kommt in jeder Art von Gewässer vor, in denen sich Menschen oder Lebewesen mit Darmtätigkeit befinden. Er ist an sich erst an der Wasseroberfläche für das menschliche Auge sichtbar. Kürzlich wurde ein Foto mit einer hochempfindlichen Unterwasserkamera aufgenommen und dürfte weltweit einmalig sein. Der Unterwasserwind kommt sowohl einzeln als auch in kleinen »Schulen« vor.

Nordwind

Nordwinde sind an sich nicht sichtbar. Ihre Existenz gilt erst seit einer von Experten verifizierten Fotodokumentation aus dem Jahr 2015 als gesichert. Führende schwedische Forschergruppen gingen jahrelang davon aus, dass Nordwinde ausschließlich im Himalaja in den Hochlagern von Bergsteigern vorkommen.

Der Nordwind ist gut gegen Blähungen. Seine Form ist geradlinig und weitreichend. In Angst- und Ausnahmefällen kann er aber auch direkt hinter dem Lassenden zu Boden gleiten. Er ist in jedem Fall äußerst intensiv.

Cyrrusbums

Er ist der am häufigsten verbreitete Wind – der Cyrrusbums. Nichtsdestotrotz sind Aufnahmen davon eher selten. Er ist in allen Größen, Stärken und Konnotationen denkbar.

Silentiumbums

Silentiumbümse tragen ihren Namen aufgrund ihrer im Allgemeinen geräuschlosen oder -armen Erscheinung. Sie sind streng, wenig flüchtig und hängen sich immer an einen Menschen an, meist an jenen, der ihnen am nächsten steht. Am häufigsten sind Silentiumbumse, die offensichtlich aus einem Brokkoligericht entspringen.

4. Kapitel
Die kulturellen Dimensionen des Furzes

»Warme Luft durchdringt die Kunst bis in den zartesten Ton, bis in die gröbste Anklage, bis in der Weisheit letzten Schuss.«

Zitat von Ei-Dabei Wei,
chinesischer Künstler

Selbstverständlich erfreut sich der Wind auch großer Beliebtheit in der bildenden Kunst Trompetaniens, aber auch in der Musik, der Literatur und der darstellenden Kunst. Als Botschafter des Friedens, der Erheiterung und der Erleichterung erkennt der Lama die funktionellen Zusammenhänge zwischen Sinn, Seele, Furz und Kunst. Auch wenn in der westlichen Kunstszene dem Furz ein flüchtiges Schattendasein beschieden ist, tut der Darmei Lama alles für das Ende der Negationen zwischen Kunst und Verdauung. Ein kritisches Besprechungswesen, wie das des Lamas, entskandalisiert weite Teile des Windes für die Belles Artes.

Den Pups hören und verstehen – in der Musik

Traditionelle Musik

Im westlichen Trompetanien, der Wiege der sinnlichen Flatulenzmusik, ist seit vielen tausend Jahren vor allem die Zweistimmenmusik verbreitet und beliebt. Während dabei die erste Stimme meist die Kehle übernimmt, wird die Zweitstimme per Untertongesang intoniert. Untertöne werden, anders als Obertöne, nicht im Kehlkopf- und Rachenbereich des Sängers erzeugt, sondern in dessen Magen-Darm-Trakt (Flateolett-Töne). Der Untertongesang entwickelt sich im ganzen Körper, verbleibt bis zum Schluss im Bauch des Sängers und wird erst dann durch dessen Hose hörbar. Die schwingende Luft entlädt sich am Ende eines Liedes als furioses Crescendo (Poeng Yö) oder als sehr lang gehaltener Ton (Ai-Yööööö).

Im Trompetanischen heißt diese Gesangstechnik »Große Stimme der Schallmei« und ist vor allem bei Opernaufführungen beliebt; er wird aber auch im trompetanischen Sprechgesang und im Unter- und Obertonchor Pöngjang gepflegt. Dabei sind die Grenzen wie auch bei sämtlichen anderen trompetanischen Musikrichtungen fließend.

Trompetanische Literatur

Spätestens mit der Einführung der Schrift im 17. Jahrhundert entwickelte sich eine zutiefst religiös geprägte trompetanische Literatur. Als Norm für literarische Komposition gelten die Werke des Großen Diahh Röh. Erst mit der Annexion Trompetaniens durch die Volksrepublik China wurden die festgeschriebenen alten literarischen Traditionen aufgebrochen und es konnten sich moderne wissenschaftliche, politische und nichtreligiös verankerte Genres im tiefgläubigen Land etablieren. Als »echte trompetanische Literatur« können sich jedoch nur wenige Werke rühmen, da die reichsten Geschichten eher mündliche Überlieferung sind (und auch eher weniger mündlich als mehr pantomimisch dargebotene). Berühmte Beispiele der trompetanischen Literatur sind das trompetanische Malbuch und das Gas-Epos.

Zunächst sehr gute Abverkäufe am trompetanischen Markt erzielte die Übersetzung von Carlos Ruis Zafóns *Im Schatten des Windes*. Der Roman entsprach aber insgesamt nicht den Erwartungen der trompetanischen Leserschaft und fiel im trompetanischen Feuilleton komplett durch.

Dichtkunst

Die trompetanische Dichtung ist vielleicht die am meisten unterschätzte dieser Welt. Die hohe Kunst des Furzens ist auch immer die hohe Kunst des Rhythmus und, ja, auch die hohe Kunst des Reimes. Einige der schönsten Gedichte trompetanischer Poeten sollen in diesem Buch eine Plattform finden und somit ans Gehör der geschätzten Leserschaft dringen.

Niemand Geringerem als dem Darmei selbst soll der Raum für das erste Werk gehören.

Ein alter Trompeter
Ein alter Trompeter
Deine Seel, die einst mir weilt,
Ist verwirkt mit meinem Marsch.
Ton für Ton ist mir enteilt
Stöße, die sich himmellaut erhaschen.
Unsere Ohren nimmersatt der Kostbarkeit,
Trompomporom-Trompeter, weit!
Edler Knecht auf Himmelszelt,
Wie lange willst du mich benebeln
Und welch Dunst aus unsren Aschen.

Ein anderes Gedicht (nicht *rein* trompetanischen Ursprungs) lautete ursprünglich so:

Über allen Gipfeln ist Ruh,
in allen Winkeln spürest Du
Einen Hauch.
Die Vöglein schweigen im Walde,
warte nur,
balde ruhet
dein Bauch.

Trompetanische Philosophie

Die trompetanische Philosophie befasst sich ausführlich mit den Problemen der Erkenntnistheorie, Metanphysik, Phänomenologie, Ethik und Fahrstühlen.

Grundlagen

Die sehr breit aufgestellte Philosophie hängt dabei nicht von einer rein olfaktorischen oder methanphysischen Spezifizierung ab, die durch empirische Beweise auf der Basis der Sinnesorgane gewonnen wurde (Ayertanja).

Buddha soll eine ablehnende Haltung gegenüber spekulativem Denken im Allgemeinen angenommen haben. Einer seiner Grundgedanken ist, dass nichts auf Begriffen von Dingen oder Stoffen basiert. Buddha empfahl, die Realität mit den Augen des Betrachters wahrzunehmen. Diese Annäherung vermeiden die beiden Extreme der Hyperaktion und des Nihilismus.

Bestimmte Punkte dieser Philosophie sind bis heute Gegenstand von Streitigkeiten zwischen den verschiedenen Schulen des trompetanischen Buddhismus. Während eine Theorie um ihrer selbst willen im Buddhismus als überflüssig angesehen wird, steht eine Theorie im Interesse der Erleuchtung mit buddhistischer Ethik und buddhistischen Menüvorschlägen in Einklang.

Seine Heiligkeit der Darmei Lama lehnt eine starre Ehr-
furcht vor den anerkannten Lehren ab und sagt:

»Akzeptiert nichts nur wegen der Tradition.
Akzeptiert nichts, nur weil es in Einklang
mit einer Verfassung ist.
Akzeptiert nichts, nur weil es mit euren vor-
gefassten Vorstellungen übereinstimmt.
Akzeptiert nichts, nur weil ihr nicht allein im
Aufzug fahrt.
Aber wenn ihr aus euch selbst wisst – diese
Dinge sind moralisch, diese Dinge sind
schuldlos, diese Dinge sind von den Weisen
gelobt, diese Dinge führen zu Wohlbefinden
und Glück oder zum Rauswurf –, dann
solltet ihr dementsprechend handeln.«

Philosophie, Phänomen oder Religion?

Die trompetanische Lehre kann entweder als eine prakti-
sche Philosophie mit Hang zur Spiritualität oder eine rein
glaubensbasierte Religion angesehen werden. In den Kul-
turen, in denen sie sich entwickelte, ist die Unterschei-
dung zwischen Philosophie und Religion ohnehin unbe-
kannt. Als solches ist die Notwendigkeit, die hohe Kunst
des Furzens zu klassifizieren, eher ein akademisches oder
semantisches Problem.

Die Lehre ist nicht theistisch – es gibt schlicht keinen Donnergott.[*] Der Trompetaner hat keinerlei Verwendung für Götter. Schon allein aus Gründen der Ästhetik, denn wie sollte sein Gott aussehen? Wie Buddha noch am ehesten.

Vornehmlich in Verwaschungen mit dem trompetanischen Hinduismus ist ein großes Pantheon von Bodhisattwas, Saraswati, Lokeshvara entstanden, die als Objekte in einem theistischen Sinne interpretiert werden können. Der Darmei Lama dazu:

 »Niemand hat sechs Arme.
Das ist in meinen Augen Quark.«

Ein weiteres Argument für die reine Philosophie ist, dass der trompetanische Buddhismus sich völlig anders ausnimmt als alle anderen Religionen und Schriften. Die Vorstellung eines Paradieses oder einer Hölle beispielsweise erscheint dem trompetanischen Glaubensschüler als diametral gegen seine Lehre stehend. Es gibt keinen guten Furz. Es gibt keinen bösen Furz. Es gibt keinen Nichtfurz. Es gibt nur den Furz.

---

[*] Außer vielleicht Herrn Böhm aus dem 3. Stock, linke Tür.

Wettbewerb und Vergleich mit anderen Philosophien

Baruch Spinoza* trat für die Vergänglichkeit der Erscheinungswelt ein. Seiner Meinung nach wird Sorge überwunden durch das Wissen, das nichts unveränderlich ist. Die Kunst des Furzens lehrt, dass ein solches Streben erfolglos sein muss. Der Raum ist veränderlich. Vor allem der fensterlose.

David Hume** schloss nach einer unerbittlichen, jahrelangen und eher halsstarrig geführten Analyse des Geistes, dass das Bewusstsein aus fließenden mentalen Zuständen bestehen muss. Seine Theorie ähnelt dem Konzept der Ausgasung, obwohl seine Ablehnung der Verursachung ihn zu entgegengesetzten Ergebnissen in anderen Bereichen führte. Er war kein gern gesehener Gast bei öffentlichen Veranstaltungen (Persona non grata!).

Arthur Schopenhauers Philosophie führt einige erhebliche Parallelen im trompetanischen Buddhismus auf. Schopenhauer überwarf sich aber mit seiner Mutter und ging nach Dresden und verpasste in seiner Freizeit Passanten »Gehfehler« und überarbeitete Immanuel Kants *Kritik der reinen Vernunft*. Eines seiner berühmtesten Zitate lautet: »Es ist an der Zeit, dass das ewige Wesen, welches

---

* Er gilt als einer der Begründer der modernen Religionskritik. Was in Sachen modern ein bisschen Unfug ist, da er bereits 1677 in Den Haag verstarb.

** Schottischer Philosoph, Ökonom, Historiker und Diabetiker.

in uns, auch in allen Tieren lebt, als solches erkannt, geschont und geachtet wird.« Liest man es im trompetanischen Kontext, ergibt plötzlich alles einen Sinn.

Wittgenstein (*Auch Furze sind Taten*) warnt vor intellektuellen Spekulation mit seinem Gleichnis vom Giftpfeil. Wittgenstein musste später einräumen, dass er sich bei diesem Gleichnis vom Giftpfeil ein wenig intellektuell verzettelt hatte, und wechselte zum trompetanischen Glauben über.

Friedrich Nietzsche, der kein Anhänger der Furzenden Schule war und ihr ablehnend gegenüberstand, entwickelte seine eigene Philosophie des Lebens, die dem trompetanischen Buddhismus sehr ähnlich war, und kam zu der interessanten Erkenntnis: »Man nimmt die unerklärte dunkle Sache wichtiger als die erklärte helle.«

Heideggers Ideen über das Sein und das Nichts werden insgesamt als reine Furzgedankenspiele angesehen.

Ein weiterer annähender Vergleich der Kunst des Furzens mit der westlichen Philosophie ist der Begriff des mittleren Weges. Auf diese Weise können westliche Philosophien in buddhistischen Begriffen wie Ewigkeitsglaube oder Nihilismus eingestuft werden. Der Darmei Lama dazu:

 »Eine klassische philosophische Betrach-
tungsweise, wenn man niemandem auf die
Füße treten will. Während einer solchen
umsichtigen Annäherung darf einem nicht
die Hand ausrutschen.«

Lama Anagarika Govinda drückte es in *Ein lebender
Buddhismus* für westliche Lehrer wie folgt aus: »So
könnten wir sagen, die Formulierung dieser Erfahrung,
eine als ein Ergebnis der Selbstbeobachtung und Analyse,
eine Psychologie des … vergessen wir diesen Ansatz.
Also:
Wer diesen Weg betritt, erwirbt eine Norm des Verhal-
tens, die nicht von außen diktiert wird, sondern das Ergebnis einem inneren, steten, in sich nicht umkehrbaren
Prozess der Reifung, noch am ehesten im hegelschen
Sinne spiegelbaren … vergessen wir das auch. Der Darmei
Lama und ich gehen jetzt mal schön vor die Tür, einen
zischen lassen.«

Peng Shui (Raum, Zeit und Materialisierung im Fluss)

Pēng Shuǐ [fɤŋ ʂu̯eɪ] (chinesisch 風水 / 风水 ›Wind und Wasser‹) ist die Lehre des Furzes im Raum. In ihren Grundeigenschaften vertritt Peng Shui eine taoistische Harmonielehre aus China. Ziel ist die vollendete Verschmelzung alles Gasigen, Gasoleten und Schwebenden mit der Umgebung. Durch eine besondere Gestaltung der Wohn- und Lebensräume kann dies erreicht oder zumindest annähernd erreicht werden. Der ältere Begriff für Peng Shui ist Flat Yu, eine Kurzform für den Begriff »den Himmel und die Erde beobachten und in die Hose sehen«. Nach der traditionellen Vorstellung sollen mit Peng Shui »die Geister der Luft und eventuell des Wassers geneigt gemacht« werden können.

Ta-ta-ta-Tantra

Der Tantrafurz, Tantrische Furz oder Ta-ta-ta-Tantra wird hier, in diesem Buch, weltweit wohl zum ersten Mal offen und seriös thematisiert.
Der Darmei Lama dazu, mit einem Lächeln und seinem typischen Wiener Schmäh:

»Mein Amt verbietet mir die Ehe. Aber es gibt überhaupt keinen Grund, warum ich nicht als Frau reinkarnieren sollte. Dann wäre ich verdammt hübsch, eine Bombe, eine Volle Zehn, da können Sie aber einen drauf – na, darum geht es ja in diesem Buch eh, oder?«

In der heutigen Zeit wird die Bedeutung des Tantras auf die sexuelle Symbolik und Interaktion reduziert. In der indischen Philosophie bedeutet Tantrismus jedoch allumfassendes Wissen oder Ausbreitung des Wissens. Frühere tantrische Literatur nimmt vor allem auf Dämonologie, Metaphysik und spirituelle Ziele Bezug.
Die Lehre des Ta-ta-tantras beschränkt sich dagegen rein auf Aktivitäten sexueller Natur oder allenfalls noch die Schule der vishnuitischen Pancaratas (Rangeln, Kitzeln und Luftlassen).[*]

---

[*] Nach Helmuth von Knasperaps Meisterwerk *Ist Rangeln ein sexualisierter Akt – oder täusche ich mich?*

Wie der Lama rät, mit Intra-Beziehungs-Ausgasungen um-
zugehen:

»Schuldzuweisungen und Schuldzurück-
weisungen haben in einer ausgeglichenen, gleich-
berechtigten Beziehung keinen Platz. Wenn
einem beim Kitzeln ein Wind herausfleucht,
darf gelacht werden. Danach widmen die sich
Liebenden wieder dem Ta-ta-Tantra, als wäre
ebendies nicht geschehen.«

5. Kapitel
Der Furz als Waffe des Friedens

Die hohe Kunst der Ka-Karate (engl. Martial Arse / dt. Kickpupsen)

Die Mönche des Ka-Karate-Klosters Hin-Ten, gelegen in der südlichen trompetanischen Provinz Dharm, gelten weltweit als die besten Kämpfer und Meister in der Kunst des »Kampfes mit dem Wind«. In älteren Versionen der Übersetzung heißt die Kampfkunst auch »Tödliche Luft hinter dem Kurzschwert des bescheidenen Kriegers« oder auch »Tödliche Luft hinter dem bescheidenen Kurzschwert des Kriegers«.

Die Geschichte der Lehre des Ka-Karates geht weit zurück bis in die Mitte des 9. Jahrhunderts, seine Wurzeln findet man bereits im Zeitalter der altehrwürdigen chinesisch-kaiserlichen Dynastie der Wel-Ken-Na-Sen. Dabei wurde Ka-Karate nicht, wie fälschlicherweise oft angenommen, von den Samuraikriegern des Kaisers entwickelt und verbreitet, sondern vielmehr von den trompetanischen Bauern. Diese mussten sich über viele Jahrhunderte gegen Angriffe vonseiten der Berufskrieger aus dem chinesischen Kaiserreich wehren. Letztere waren stark bewaffnet, bestens ausgebildet, vitaminreich und ausgewogen ernährt. Die Landbevölkerung Trompetaniens hingegen ernährte sich hauptsächlich von Yakbuttertee und fermentiertem Kraut: Hier ist ein deutlicher Einfluss aus den Nachbarländern Bhutan, Nepal und Mhetan erkennbar. Trompetanische Bauern waren schon aufgrund ihrer gewaltlosen Gesinnung nicht auf das Kämpfen vorbereitet, geschweige denn mit Waffen ausgerüstet oder im Umgang damit ausgebildet. Trotzdem konnten viele chinesische Übergriffe wenn auch nicht komplett abgewehrt, so doch zumindest durch gasförmige Gegenwehr empfindlich gestört werden.

Durch deren gezieltes Aus- und Eingasen der trompetanischen Bauern verloren die Angreifer immer wieder die notwendige Konzentration und Willenskraft, um die Bevölkerung zu plündern oder gar zu schänden. Es wurde sogar von Todesfällen und Selbstmordversuchen unter den Aggressoren berichtet (geschichtswissenschaftlich ist dies allerdings nicht einhundertprozentig belegt). Als historische Tatsache gilt jedoch, dass die Opfer durchaus in der Lage waren, ihre Jurten und Zelte selbst zu vernichten. Noch bis heute wird in China ein sehr bösartiger Furz unter einer gemeinsamen Decke als »Trompetanischer Gruß« bezeichnet.

Fast alle Ka-Karate-Techniken aus den bäuerlichen Regionen Trompetaniens fanden umgekehrt ihren Weg bis weit hinein in die Provinzen und Klöster Chinas. Hier vereinten sich trompetanische Trainingslehren, deren Ethik und einzigartige Philosophien mit der großen Kraft der uralten chinesischen Kohlrezepte.

Nur innerhalb der meterdicken Mauern des Ka-Karate-Klosters dürfen die jahrtausendealten Techniken frei praktiziert werden. In weiten Teilen Asiens, Nordafrikas und der Schweiz steht die Anwendung des Ka-Karate dagegen sogar unter Strafandrohung. Eine Ausnahme vom Verbot in der Öffentlichkeit bilden die seltenen Vorführungen der Mönche in den (meist lange vorher ausverkauften) Showveranstaltungen.

Moderner Kampfsport rund um den Wind

Dem Ka-Karate sind auch die verschiedenen Grade der Gasförmigen Kampfsportarten zu verdanken. Selbstverständlich werden diese (zwar auf hohem, meisterlichem Niveau) aber nicht in der originalen und letalen Variante praktiziert.

Folgende Grade sind im modernen Ka-Karate standardisiert:
* Schwarz (Anfänger)
* Braun (Mittelguter Kämpfer)
* Gelb (Kämpfer)
* Weiß (Meister)
* Weiß-Rot (Blutiger Anfänger)

Der Träger einer Weißen Hose ist zur Ausbildung von Schülern berechtigt und darf sich Weng-Weng nennen (Weiser Weiser).

Abhärtung

Viele Ka-Karate-Kämpfer sind geistig und körperlich nicht nur in allerbester Verfassung, sie scheinen sogar gegen vielerlei Einflüsse »von außen« immun. Diese Immunität wurde durch hartes Training erlernt und tagtägliche Übungen vertieft. Die Abhärtung der Ka-Karate-Kämpfer erfolgt zum Beispiel gegen extremen Lärm, gegen starke Gerüche und Kritik. Die Trainingsmethoden zur Abhärtung der Ka-Karate-Schüler sind äußerst gefährlich und sollten nur sukzessive und unter kundiger Anleitung erlernt werden.

Hier einige Beispiele für Übungen, die durchaus im allgemeinen Trainingsplan vorkommen können (und die unter keinen Umständen zu Hause nachgemacht oder ausprobiert werden sollten!).

Übungsbeispiel zur Abhärtung des Schülers Nr. 1: Härte gegen Höllendonner
Bei dieser Übung werden dem Probanden mithilfe zweier geschulter Mitschüler jeweils zwei etwa dreijährige Kleinkinder möglichst nahe an den Ohren angebracht und dort gehalten. Die Kleinkinder wurden zuvor reichlich mit Süßigkeiten und Fruchtsäften versorgt, welche ihnen auf ein Kommando des Meisters abrupt abgenommen werden, woraufhin der *Höllendonner* ausbricht. Trotz großer Erfahrung und bereits vorhandener Härte brechen hier viele Praktizierende des Ka-Karate zusammen. Für akute Abhilfe gegen den *Höllendonner* und Linderung sind Gummibärchen sehr gut geeignet, die man nach den Kleinkindern wirft.

Übungsbeispiel zur Abhärtung des Schülers Nr. 2: Das Lachen des Vogels Strauß

Diese Übung dient der Fähigkeit zur Standhaltung gegen Gerüche. Zunächst bereitet sich der Proband mental auf die bevorstehende Aufgabe vor. Er erfüllt seinen Körper mit positiver Energie und macht seinen Geist frei von negativen Gedanken und Schwingungen. Nur ein sehr in sich ruhendes Individuum ist in der Lage, diese Übungseinheit unbeschadet zu praktizieren.

Der (Meister-)Schüler nimmt eine kniende Position ein und führt den Kopf etwa in Knöchelhöhe über den Boden und hält ihn dort. Mit den Händen stabilisiert er seine Haltung. Ein Partner legt ihm nun ein Handtuch über den Kopf- und Schulterbereich, das ringsherum bis an den Boden reicht und somit ein »Zelt« bildet.

Ein Mitschüler schiebt nun in dieses »Zelt« seine geschlossene Trainingstasche, in der sich seine ungewaschene Trainingskleidung befindet. Der Schüler im »Zelt« muss nun den Reißverschluss der Tasche langsam öffnen und alsdann seinen Kopf in die Tasche* begeben und mehrfach langsam ein- und wieder ausatmen.

Ein verantwortungsvoller Trainer führt immer mindestens eine ungebrauchte Sporttasche sowie Wechselkleidung mit, falls die Tasche sowie deren Inhalt durch den Schüler unbrauchbar gemacht werden. Sind Übende noch nicht ausreichend abgehärtet, kann es zu krampfartigen und heftigen Nebenwirkungen innerhalb des Trainingsgerätes kommen.

---

* Früher wurde diese Übung praktiziert, indem der Übungsleiter selbst unter das »Zelt« schlüpfte, um dort vehement abzugasen.

Übungsbeispiel zur Abhärtung des Schülers Nr. 3: Druck des großen Kahns

Bei dieser Übung geht es darum, sehr großem Druck standzuhalten. Der Windling soll rein dem Willen seines Erschaffers gehorchen: zu jedem Zeitpunkt und unter allen Umständen. Hierzu wird der Schüler mit einer extrem gastreibenden speziell fermentierten Kohlsuppe versorgt und dann, vor möglichst großem Publikum, auf den Rücken gelegt. Auf seinem Bauch wird zu gegebenem Zeitpunkt eine Zementplatte mit einem gewaltigen langstieligen Hammer zertrümmert, während ein Helfer dabei äußerst unangemessene Bemerkungen macht.

Bläst der Schüler beim Auftreffen des Hammers oder danach eine zwischen seinen Beinen positionierte Analkerze aus, gilt die Übung als nicht erfolgreich und der Schüler bringt große Schande über seinen Meister, über seine Familie und die Familie des Meisters sowie furchtbare Schande über eine rein willkürlich ausgesuchte Familie im Publikum.

Ausgefeilte Technik oder Wunder?

Durch außerordentliches Üben und eine nahezu übermenschliche Fähigkeit, sich zu konzentrieren, konnte der trompetanische Mönch Long Quong des Shaolin-Klosters Songshan im Jahr 1965 vor einem Komitee der Kommunistischen Partei Chinas im Jahr 1962 ein Meisterstück vollbringen. Bis heute ist dessen Geheimnis nicht vollständig entschlüsselt: Kraft seines Chis, seiner körpereigenen Energie, bündelte der Meister einen einzigen außerordentlichen Wind, der sich vor verschiedenen Augen- und (natürlich auch) Ohrenzeugen tatsächlich materialisierte. Die Erscheinung wurde als langhaarig beschrieben und trug Tunika sowie Sandalen.

Obwohl keine Vertreter der Presse anwesend waren, gilt das Ereignis als historisch gesichert. Auch der Umstand, dass auf sofortigen Befehl des Klosterabtes von Songshan ein klostereigenes speziell trainiertes Reinigungspersonal hinzugezogen werden musste, spricht für einen gewissen Wahrheitsgehalt. Die katholische Kirche sowie führende muslimische Institute sowie die Kommunistische Partei Chinas lehnt das Ereignis als reine Erfindung ab.

Andere vom Ka-Karate inspirierte Kampftechniken:

✳ Kickpupsen	✳ Furzstreckenlauf
✳ Bankdrücken	✳ Sumo-Kringeln
✳ Bierathlon	✳ Windsurfing
✳ Blowing	✳ Farts
✳ Capopoeira	✳ PoPolo

6. Kapitel

Trompetanien für Anfänger

Trompetanien ist ein von der Menschheit vergessenes Fleckchen Erde irgendwo in China. Und unter uns gesagt, gibt es viele gute Gründe dafür, warum das so ist.

Das Kloster des Darmei Lama

Bevor der Lama ins Ka-Karate-Kloster Hin-Ten übersiedelte, war das Kloster Dung Amtssitz seiner Heiligkeit. Dung war in seiner Blütezeit mit bis zu 10.000 Mönchen das größte Kloster Trompetaniens und besaß 234 Landgüter, verfügte über rund 200.000 Yaks, 300 Weidegebiete und 16.000 einfach ausgestattete Furzhütten.

Dung wurde 1012 von Seng Seng May Seng *('dram djy-bangs dcns rje bakra shiss dual ldan)* − einem Schüler des großen Win Zling, des Begründers des Gengug-Ordens aus Bad Honnef − gegründet. Als ehemalige Residenz der Darmei Lamas (vor deren Übersiedlung in das Ka-Karate-Kloster) hatte das Kloster Dung großes politisches und nationales Gewicht für die Trompetaner. Noch heute wird beim jährlichen Yumyum-Fest, dem trompetanischen Ostern, dem Kloster mit hart gekochten Eiern gehuldigt. Die Äbte von Dung besetzen traditionell die wichtigsten Posten (Amt für Digestiv, Ministerium für Ballaststoffe, Vorstandsvorsitzende bei Schmidt und Söhne Aufzug AG) und gehören stets dem engsten Rat des Darmei Lama an.

Bereits der 9. Darmei Lama versuchte, alle Han-Chinesen (aber auch alle anderen Chinesen) aus Dung zu vertreiben.

Zu dieser Zeit war der Darmei Lama mit verschiedenen Konflikten im Osten, aber auch im Süden und Westen beschäftigt, sodass die chinesische Regierung im Norden einen Konflikt zwischen dem Kloster und einem seiner ehemaligen Verwalter um ein Baugrundstück und einen

Grundbucheintrag nutzte. Sie lockte die drei höchsten lamatreuen Verwalter des Klosters Dung unter einem Vorwand vom Lokus, ließen sie verhaften und schickte sie ins Exil. Das Kloster wurde geräumt und vollständig von chinesischen Soldaten besetzt. Daraufhin zogen Tausende Mönche zum Kloster und verlangten die Freigabe des Kloster und die vollständige Rehabilitation der Exilanten. Der Darmei Lama ließ außerdem die trompetanische Armee zusammenziehen. Wenig später lagerten die beiden Soldaten Trompetaniens vor dem Kloster. Eine Woche lang hielten die Besatzer der »Belagerung« stand. Als die Kohlvorräte der trompetanischen Mönche schon fast erschöpft und bereits 50 von ihnen an Darmrissen verstorben waren, gaben die Chinesen endlich auf. Nach der großen Belagerung stellte sich jedoch heraus, dass Dung unbewohnbar geworden war. Ein Zustand, der bis heute anhält.

Während der chinesischen Kulturrevolution wurde Dung nur knapp vor der vollständigen Zerstörung bewahrt. Das Kloster steht auf der Liste der Denkmäler der Volksrepublik China; auf dieser Liste finden sich allerdings auch eine Aufzählung von Einkäufen (Petersilie, Garnier Fructis, Knäckebrot, Klopapier) und eine Hausaufgabe, die den Umgang mit Primzahlen beinhaltet.

Zeremonielles Furzen zum Tee

In den höheren sozialen Schichten Asiens gehört der Furz zum guten Ton bei der Teezeremonie. Die trompetanische Teekultur ist ein bedeutender Teil der trompetanischen Kultur und die weltweit älteste ihrer Art. Die chinesische Teekultur hat ihre Wurzeln in Trompetanien, wurde aber im Laufe der Zeit unabhängig weiterentwickelt. Auch in China gibt es daher eine eigene Furzzeremonie, die übersetzt Teekunst (chinesisch 茶藝 / 茶艺, Methanying cháyì) genannt wird. Nach der massiven Unterdrückung der öffentlichen Furzkultur und damit einhergehender Blähungen während der Kulturrevolution und der Schließung vieler Teehäuser war die traditionelle Teezeremonie nur noch im Süden und Westen Chinas sowie auf Taiwan wirklich verbreitet. Das Teetrinken und Furzlassen haben sich jedoch bis heute unverändert in den Familien erhalten, wobei die meisten Chinesen ausschließlich ungesüßten Grüntee trinken und eher unkontrolliert einen fahren lassen. Im Zuge des wirtschaftlichen Aufstiegs Chinas kommt auch die althergebrachte Kultur wieder verstärkt zur Geltung.

Geschichte

In den Geschichten des Volkes wird die Einführung des Tees der chinesischen Prinzessin Weng Po zugeschrieben, die im Jahr 641 als Ehefrau des Herrschers Songtsen Gugpo an den trompetanischen Hof kam. Doch auch unabhängig von dieser Prinzessin entwickelte sich ein lebhafter Handel mit dem Kaiserreich China, bei dem die

Trompetaner Pferde gegen chinesischen Tee tauschten. Die entsprechende Handelsroute wird als Tea-Horse Trade Route (Tee-Pferde-Handelsweg) bezeichnet. Stationen befanden sich in Lhasa, Sagya, Xigazê, Gyangzê, Maizhokunggar, Lharze und Ongren.

Teetrinken in Trompetanien

Mönche tranken im Allgemeinen während ihrer Meditationen Tee, um wach und heiter zu bleiben. Die trompetanische Zeremonie entwickelte sich eigenständig weiter und brachte auch eine eigene Kultur hervor. Der Furz gilt als Geschenk Buddhas dementsprechend wertvoll. In den Tempeln der trompetanischen Lamas ist er ein heiliges Geräusch. In dem Buch »Reise durch das Tatatatatatarenreich – ein Donnern geht durch Trompetanien und China«, das um 1800 erschien, wird eine Zeremonie in einem solchen Tempel beschrieben:

»Die auf dem Altar stehenden Teekannen und -schalen mit goldenen Untertassen sind alle aus grüner Jade hergestellt und sehen sehr elegant aus. Der Großlama-Tempel Krawallenbamu tut sich besonders hervor. (…) Bei den großen Teeveranstaltungen wird an alle Lamas von einem Stifter Tee ausgegeben. (…) Das Tee-Einschenken und Schaas-Lassen wird feierlich zelebriert. Die Lamas (…) sitzen in mehreren Reihen (…), der Stifter kniet auf dem Boden und furzt Hymnen. Ist der Stifter reich, wird der Tee mit Butter und Kohlensäure gemischt, aber auch Zutaten wie Sauerkraut, Zwiebeln und Hühnereier werden gereicht …«

Trompetanische Tempelhunde (Lhasa Ghasa)

Trompetanische Tempelhunde wurden in ihren Ursprüngen als Begleiter der trompetanischen Trompetenmönche gezüchtet. Erste Abbildungen von Mönchen mit ihren Hunden können durchaus über dreitausend Jahre alt oder älter sein. Die Hunde gelten in Trompetanien als heilig.

Der äußerst ruhige Lhasa Ghasa gilt als misstrauisch, aber nicht aggressiv. Er kann als extrem anhänglich bezeichnet werden, ist wenig gelehrig, aber dafür devot mit gewissen Neigungen zur Sturheit. Sein Charakter wird als offen beschrieben. Der Lhasa Ghasa verhält sich anderen Rassen gegenüber neugierig, aufgeschlossen und enorm paarungsfreudig.

Die etwa dreißig Zentimeter langen und zwanzig Zentimeter breiten Hunde (männliche Exemplare sind geringfügig größer) ähneln dem Mops. Ihre Fähigkeit, aus bereits geringen Futtermengen gewaltige Methangaswolken zu bilden, ist legendär.

Konrad Adenauer, der nach einem Staatsbesuch in Trompetanien einen Lhasa Ghasa geschenkt bekommen hatte, rühmte die Fähigkeiten der Hunde mit den Worten: »Der Hund ist treu im Sturm, der Mensch nicht mal im Winde!«

Trompetanische Museen

Das Darmei-Lama-Museum:

Es gibt recht wenige trompetanische Museen in der Welt oder Ausstellungen, welche sich mit der doch sehr speziellen Kultur und Kunst aus Trompetanien beschäftigen. Ein einziges trompetanisches Museum befindet sich in Darmsala, Indien, wo sich in der Umgebung des Darmei Lama viele Flüchtlinge niedergelassen haben. Dieses Museum wurde 2002 eingerichtet und beherbergt viele Gegenstände des täglichen Lebens eines Darmei Lama sowie dessen gesamte Garderobe und Haushaltswaren. Sogar einige sehr schöne gerahmte Drucke aus Ikea werden dort ausgestellt. Das Museum besitzt darüber hinaus eine bedeutende Sammlung von Zimmerpflanzen, Fernsehzeitschriften, älteren Teppichen sowie einen Plasmafernseher.

Außerhalb Asiens beherbergt vor allem Jung Pa Pöng, die Cousine des Darmei Lama, in Madrid eine große Kollektion trompetanischer Handwerkskunst. Die bunten, handgestrickten Socken – über 20 Paar – befinden sich allerdings in einer privaten Sammlung. Es heißt, diese würde jedes Jahr um ein weiteres Paar erweitert werden.

Trompetanische Medizin

Die untrennbare Verbindung von Religion, Philosophie, Kultur und Blähungen prägt selbstverständlich auch entscheidend die trompetanische Heilkunst.

Traditionelle Diagnosepraktiken sind:
* Sehen, Hören, Riechen (Fühlen eher nicht)
* Pulsdiagnose
* Stuhldiagnose, Tischdiagnose
* Iris-, Doris- und Agnesdiagnose
* Hosendiagnosen

Traditionelle Behandlungsmethoden sind:
* Energiepunktmassagen
* Heilbäder und Wasseranwendungen
* Mineralische Substanzen und Kräuter zum Einnehmen
* Spaziergänge
* Kniebeugen

7. Kapitel

Schätze
des trompetanischen
Wissens

Die 50 wichtigsten trompetanischen Worte für »Wind«

Anders als die geschätzte Ethnie der Inuit, die sich darauf verstehen, Schnee und Eis äußerst differenziert zu beschreiben, verfügen die wettergeprüften Trompetaner, vor allem in der Nähe des Himalaja, über einen erstaunlich kläglichen Wortschatz: Schnee, Pappschnee, Pulverschnee, Eis, Glatteis und überfrierende Nässe.

Wenn es allerdings darum geht, einen Furz zu beschreiben, stellen sie die Inuit bei Weitem in den Schatten: Pups, Kalter Pups, nasskalter Pups und Käpt'n Iglu. Mehr Worte finden die Bewohner der Arktis nicht für die Blüten ihrer Verdauung. Die Trompetaner kennen derzeit genau 1778 Worte für »Furz«.

Hier eine Liste der 50 wichtigsten trompetanischen Vokabeln für Furz – und deren Bedeutung:

Trompetanisches Wort für Furz	Dessen Bedeutung
Alleinstellungsmerkmal	Besonders würziges, wenig angenehmes Aroma
Nautilus	Furz, der tief unter Wasser gelassen wird und an die Oberfläche steigt
Ernst August	Furz, der während einer Gesellschaft zum allgemeinen Gesprächsthema wird
Klumm	Schöner, aber eher quäkender Furz
Vauweh	Vorsätzlich unsauberes Abgasen
Wildecker Herzbube	Kräftiger, volltönender Furz, der Leib und Seele befriedigt
Lord Voldemort	Furz, der von einem Vorgesetzten gelassen wurde, dessen Namen nicht genannt werden darf.
Black Beauty	Furz, der beim Spurt gelassen wird
Ludwig van	Drei kurze und ein langer Furz
Kalamitäten-Kärcher	Druckvoller, dampfiger Furz, der sehr schwierig zu lassen ist
Toro!?!	Ungezügelt und wild herausgepresster, oft leicht blutender Furz

Trompetanisches Wort für Furz	Dessen Bedeutung
Großer Gott!	Furz, dessen Aroma nur der exzessive Genuss von Röstzwiebeln und Bier hervorbringen kann
Lycos	Furz, der nach kurzem Aufsehen in der Belanglosigkeit verschwindet
Watussi	Modefurz
Fabergé-Ei	Furz, der einen teuer zu stehen kommen kann
Tasmanischer Teufel	Von einer zierlichen Person gelassener, unverhältnismäßig lauter, aggressiver Furz
Adolf Hilter	Furz, in dessen Umfeld nichts und niemand überlebt (rein akademisches Gebilde)
Windows	Sehr häufiger Furz, den nie jemand gelassen haben will
Spitfire	Oft bei Kindern, während medizinischer Behandlungen mit Zäpfchen; torpedierender Pups

Der Furz in anderen Kulturkreisen

Wie Menschen versuchen, ihre Natur zu unterdrücken:

1. Sie kneifen die Pobacken zusammen (nur für Sekunden wirkungsvoll).
2. Den Körper langsam bewegen, um die Winde ins Innerste zurückzudrängen (wirkungsvoll über einen längeren Zeitraum. Aber nur für Geübte)
3. Viele Menschen gehen ein Stück. (Das ist in jedem Fall eine gute Idee.)
4. Wechsel der Backe. (Ein Backenwechsel kann kurz den Wind vergessen machen.) Das Wechseln der Backe wirkt jedoch genauso wie das Schläfenmassieren bei Kopfschmerzen: Das unangenehme Gefühl kommt garantiert wieder.

Wie Kulturkreise vom Wind ablenken

(pro 1000 Einwohner:)

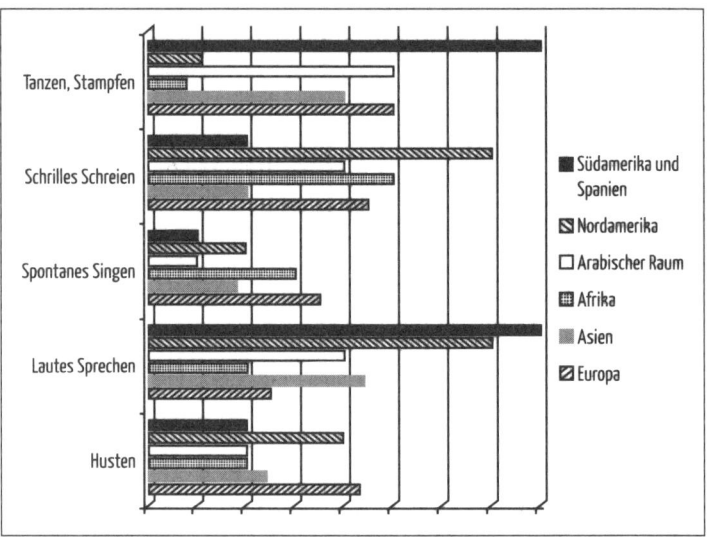

Wie Frauen auf Fürze reagieren

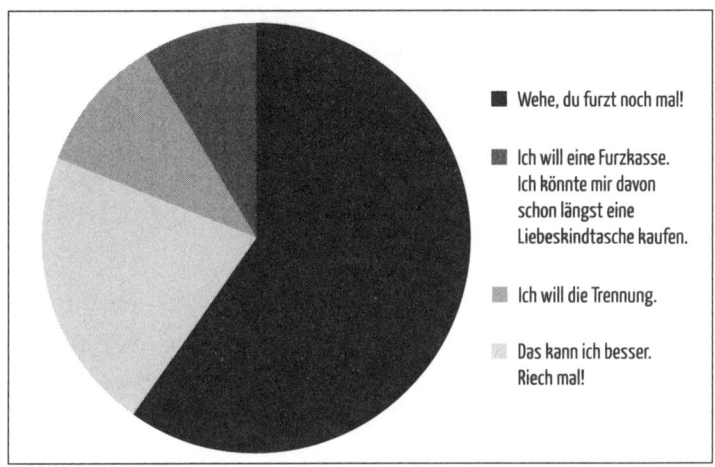

- Wehe, du furzt noch mal!

- Ich will eine Furzkasse. Ich könnte mir davon schon längst eine Liebeskindtasche kaufen.

- Ich will die Trennung.

- Das kann ich besser. Riech mal!

Rekorde und andere
Kuriositäten rund um den Furz

Größter jemals gemessener Pups der Welt:
Der höchste Anteil an Methan-Schwefelwasserstoff in
der Raumluft wurde in München im Stadtteil Hasenbergl
gemessen und entstammt einer Gruppe, die sich »Aktiv-Yoga für Junggebliebene« nennt. Dabei überwog das
Furzgemisch erstmalig den Anteil an verbliebener Atemluft (51,2%) im Raum.

Der berühmteste Furz der Welt:
Wurde Ende der Achtzigerjahre von einem unbekannten
Deutschen (schon wieder!) gelassen. Zeuge des Furzes
wurde ein gewisser Klaus Meine. Der Schlagersänger
setzte dem außergewöhnlichen Flactul in Form des Liedes
»Wind of Change« ein weltweit beachtetes Denkmal.

Frankreich:
Bei unseren französischen Nachbarn gehört das Furzen
keineswegs zum guten Ton. Im Gegenteil wurde der berühmte Feldherr Napoleon mitnichten aufgrund seiner
kriegerischen Unternehmungen auf die Insel Elba verbannt. Es waren vielmehr seine Liebe zu Linsengerichten, Roten Rüben, Rettichen und sein unpassender
Ausruf »Vive la Flatulànce!«, die ihm die Inseleinsamkeit
bescherten.

Mut:

Der trompetanische Mönch Gatshy Pohatsu verbrachte eine Nacht mit acht verschiedenen Mongolischen Öfen unter einer Decke. Dies geschah allerdings vor seiner Postulierung als trompetanischer Novize; Gatshy war das jüngste von neun Geschwistern.

Pups-to-Power:

Die erste Biogasanlage, welche über dem Fernsehraum eines Seniorenheims in einer kohlreichen Gegend um Dithmarschen erbaut wurde, erwies sich im Nachhinein als energiewirtschaftlich sehr rentabel, stieß aber auf vehementen Widerstand bei Gewerkschaften und Menschenrechtsorganisationen.

Bye Bye Babylon:

Den lauten Furz findet die überwältigende Mehrheit aller Männer »doch recht lustig« (87%). Über einen nassen Furz lacht hingegen fast niemand (0,7%). Diese Zahlen ergab eine internationale repräsentative Umfrage einer schwedischen Forschergruppe der Universität Uppsala.

Energiewunder:

Die durch einen durchschnittlichen Furz freigesetzte Energie (Wärme plus Brennwert Methangas) entspricht der Energie von etwa zwanzig Mal Fingerschnippen oder einer kurzen Rede ohne Sinn.

Köpfe rollten:

Vor der Erfindung des Furzkissens legten Hofnarren Quarktaschen auf den Thron.

Weit weg:
Der am weitesten gereiste Furz wurde am Flughafen in Rio de Janeiro gelassen und landete am 14. Juli 2014 wohl wahrnehmbar in Frankfurt am Main. Er verflüchtigte sich erst bei der anschließenden Zollkontrolle.

Texarse Haftstrafe:
In Texas ist es unter Androhung von langjährigen Haftstrafen verboten, einen noch warmen Furz in einer Plastiktüte oder/und unter dem Hut bei sich zu tragen.

Silicon Valley:
Die Apple Inc. arbeitet seit vier Jahren an einem Tool für die Aufnahme, Übertragung und Vermittlung von Fürzen (iBums).

Wahnsinn:
Dem indischen Sadhu Muhan Krishnan gelang es, seine gesammelten Winde über 42 Jahre und 8 Monate (bisher) zu unterdrücken. Er schlägt damit den deutschen Ernährungskünstler Rainer Calmund um ein gutes halbes Jahr.

128 Seiten
9,99 € (D) | 10,30 € (A)
ISBN 978-3-86883-351-5

Daniel Cole Young

Kacka Sutra

52 inspirierende
Techniken, das große
Geschäft zu verrichten

Jedes Mal, wenn die Toilettentür von innen geschlossen wird, steht ein einzigartiges, unvergleichliches Ereignis bevor. *Kacka Sutra* verhilft dem geübten Klogänger dazu, dieses Erlebnis der menschlichen Biologie auf aufregend neue Weise zu erfahren, und stellt 52 verschiedene Arten vor, sich Erleichterung zu verschaffen. Von der Anfängerhaltung bis zur Profitechnik ist für jeden etwas dabei: beispielsweise »Der Denker« – die Position für eingehende Betrachtungen des Lebens und der Welt. So kann man über die wirklich wichtigen Fragen des Lebens nachdenken: Was macht mich glücklich? Ernähre ich mich gesund genug? Habe ich wirklich so viel Mais gegessen?

96 Seiten
9,99 € (D) | 10,30 € (A)
ISBN 978-3-86883-884-8

Michael Powell

Games on Thrones

100 Dinge, die du auf dem
Porzellanthron tun kannst

In allen sieben Königslanden wird täglich der Kampf mit dem Porzellanthron ausgetragen. Nicht nur einmal am Tag müssen wir dem Ruf folgen, das Knie beugen und unser dunkles Geschäft verrichten. Am einsamsten aller Orte, jenseits der Mauer, ist jeder auf sich allein gestellt. Ob Stark, Targaryen oder Lannister – jeder muss sich mit seinem schlimmsten Feind auseinandersetzen: der Langeweile. Mit diesem Buch haben wir eine mächtige Waffe an der Hand, um diesen Gegner zu bezwingen.

Diesem Ziel gewidmet enthält dieses Buch über 100 zeitvertreibende Spiele, Puzzles und Bastelanleitungen. Sie alle fordern unseren Geist und unsere Kreativität, auch beim längsten aller WC-Besuche.